现代企业管理会计与财务管理发展探析

马 磊 崔程明 赵志伟◎著

中国出版集团 现代出版社

图书在版编目（CIP）数据

现代企业管理会计与财务管理发展探析 / 马磊，崔程明，赵志伟著. -- 北京：现代出版社，2024.4
ISBN 978-7-5231-0833-8

Ⅰ．①现… Ⅱ．①马… ②崔… ③赵… Ⅲ．①企业会计－管理会计－研究 Ⅳ．①F275.2

中国国家版本馆CIP数据核字（2024）第072685号

著　　者	马　磊　崔程明　赵志伟
责任编辑	袁　涛

出 版 人	乔先彪
出版发行	现代出版社
地　　址	北京市安定门外安华里504号
邮政编码	100011
电　　话	(010) 64267325
传　　真	(010) 64245264
网　　址	www.1980xd.com
印　　刷	北京建宏印刷有限公司
开　　本	787mm×1092mm　1/16
印　　张	11.75
字　　数	227千字
版　　次	2024年4月第1版　2024年4月第1次印刷
书　　号	ISBN 978-7-5231-0833-8
定　　价	68.00元

版权所有，翻印必究；未经许可，不得转载

前　言

随着全球经济的快速发展，企业面临着日益复杂和多变的经济环境。为了在激烈的竞争中保持领先地位，企业需要不断优化内部管理，提升财务管理和决策制定的水平。管理会计对于提高企业的经济效益和长期发展具有不可忽视的重要作用，既能够加强企业财务管理效果，又能够加强经营管理，提高企业整体发展水平，增强企业对社会环境的适应力。因此，企业必须高度重视管理会计与财务管理的发展，通过优化内部管理、提升财务管理和决策制定的水平，企业将能够有效地应对各种挑战和机遇，实现经济效益的最大化并迈向长期稳定的发展道路。

本书首先分析现代企业管理会计的理论，进而阐释现代企业管理会计的各项职能，包括企业经营预测、短期经营决策、长期投资决策和全面预算管理；其次探索现代企业管理会计的发展新路径；再次通过分析现代企业财务管理及其环境，探索现代企业财务管理的多维内容，包括企业筹资方式选择与优化、企业投资与新媒体变革影响、企业营运资金管理及强化。最后研究现代企业管理会计与财务管理的融合发展、现代企业管理会计在财务管理中的应用实践。本书根据管理会计与财务管理的特点，将理论与应用技能紧密结合起来，以突出不同技法的适用性。全书内容翔实、丰富，具有较强的理论性、实践性和指导性。本书可为财务管理工作人员提供有价值的参考与借鉴。

本书在写作过程中，得到许多专家、学者的帮助和指导，在此表示诚挚的谢意。由于笔者水平有限，加之时间仓促，书中所涉及的内容难免有疏漏之处，希望各位读者多提宝贵意见，以便笔者进一步修改，使之更加完善。

目 录

第一章　现代企业管理会计的理论分析 …… 1

第一节　管理会计的形成与发展 …… 1

第二节　管理会计的内涵阐释 …… 5

第三节　管理会计与财务会计的关系 …… 8

第四节　管理会计的传统方法解读 …… 10

第二章　现代企业管理会计的各项职能 …… 26

第一节　企业经营预测 …… 26

第二节　短期经营决策 …… 37

第三节　长期投资决策 …… 54

第四节　全面预算管理 …… 66

第三章　现代企业管理会计的发展新路径 …… 75

第一节　现代企业管理会计信息化发展思考 …… 75

第二节　大数据环境下管理会计的发展应对 …… 79

第三节　人工智能视角下的管理会计发展趋势 …… 86

第四节　"双循环"下管理会计发展的新契机 …… 91

第四章　现代企业财务管理及其环境分析 …… 103

第一节　企业财务管理的发展历程 …… 103

第二节　企业财务管理的目标与原则 …… 105

第三节　企业财务管理的基本方法 …… 113

第四节　企业财务管理的环境分析 …… 123

第五章　现代企业财务管理的多维内容新探 ……………… 127

第一节　企业筹资方式选择与优化 ………………………… 127
第二节　企业投资与全媒体变革影响 ……………………… 134
第三节　企业营运资金管理及强化 ………………………… 141

第六章　现代企业管理会计与财务管理的融合发展 ……… 148

第一节　新会计准则影响企业财务管理 …………………… 148
第二节　管理会计与财务会计的融合思考 ………………… 153
第三节　管理会计视角下的企业财务管理转型 …………… 155

第七章　现代企业管理会计在财务管理中的应用实践 …… 162

第一节　管理会计促进房地产企业财务管理转型 ………… 162
第二节　管理会计在国有企业财务管理中的应用 ………… 167
第三节　管理会计在煤炭企业财务管理中的应用 ………… 172
第四节　管理会计在建筑施工企业财务管理中的应用 …… 176

参考文献 …………………………………………………………… 181

第一章 现代企业管理会计的理论分析

第一节 管理会计的形成与发展

与其他学科一样，管理会计也经历了由简单到复杂、从低级阶段到高级阶段的历史发展过程。随着社会经济和科学技术的不断发展，管理会计还会继续处于不断发展、完善的过程中。

一、管理会计的孕育与形成

19世纪末至20世纪早期，产业革命的推进加速了资本主义经济的发展，推动了企业生产规模的迅速扩大。随着合伙经营和股份有限公司等企业组织形式的出现，会计学得到了广阔的发展空间。由于所有权与经营权的分离，向不参与经营的所有者呈报财务状况和经营成果成为会计的主要目标之一。曾经主要为管理当局提供的"财务信息"日益成为股东、投资者、信贷者和政府部门等各利益相关者的需求。在此背景下，以复式记账法为基础，从填制和审核会计凭证、登记账簿到编制会计报表的近代会计形成了。

20世纪初，随着经济的发展和企业生产规模的不断扩大，市场竞争也开始激烈起来。企业家们开始意识到，企业的经营效益不仅取决于产量的增长和外部市场的交易价格，更重要的是取决于内部加工和交易的效率，即取决于成本的高低。要想在激烈的市场竞争中处于有利地位，并战胜对手，必须加强企业的内部管理，降低成本。于是，从内部管理需要的角度出发，企业效益衡量逐渐由单纯的外部销售确定转向内部成本的计算和控制，产生了关于直接材料成本、人工成本、制造费用等成本项目的分类及具体的核算方法，成本会计日趋活跃。我们一般将此时期的成本会计视为管理会计的前身。

在这一时期，由于股份公司的出现，所有权与经营权开始分离。从企业外界产生了对会计信息的极大需求，投资者对会计的处理程序和方法以及财务报表的要求有所增强。企业也意识到应向股东以及有关方面及时提供财务报表，以取得他们的信任。于是，从保护投资者的角度，美国率先开始了"公认会计原则"的研究和制定。公认会计原则的研究，把财务会计理论和实务的发展推到了一个新的高度，以财务报表为核心的会计理论研究成为这一时期会计研究的核心。1911年，西方理论中古典学派的代表人物泰罗出版了著名的

《科学管理原理》，开创了企业管理的新纪元。泰罗在认真总结传统管理经验及教训的基础上，着重强调从时间、动作的合理配合上研究生产工人的实际操作，目的在于通过科学分析工人在劳动中的机械动作，省去多余的动作和改良笨拙的动作，并切实执行较为完善的计算与监督制度，以使工人的生产作业科学化，从而最大限度地提高生产效率。泰罗的这种科学管理思想受到当时社会上和企业界的极大重视，它给企业管理理论和实践带来了重要的影响和变革。

然而，泰罗的科学管理理论存在一些根本性的缺陷。首先，它过度关注生产过程中个别环节的高度标准化和高效化，忽视了企业管理的全局以及企业与外部的关系。其次，将具有主动性和创造性的劳动者视为机器的附属物来管理，势必会引起广大劳动者的不满。这些缺陷限制了泰罗科学管理理论的广泛应用和长期效果。

伴随着泰罗科学管理理论在实践中的广泛应用，原有的会计体系也发生了相应的变化。与泰罗的科学管理理论直接相联系的标准成本、预算控制和差异分析等技术方法开始被引入会计领域中，从而充实了成本会计的内容，也为会计直接服务于企业管理开辟了一条新的途径。此时的企业会计已经突破了单纯的事后计算而开始进行事前的计算和分析，并有意识地将事前计算与事后分析相结合。标准成本、预算控制和差异分析在会计领域的应用，表明原有会计体系的具体内容与基本结构发生了一定的变化，意味着成本会计已经开始向管理会计逐步过渡，此时的成本会计实际上就是初期的管理会计。

在此阶段，以标准成本、预算控制和差异分析为主要内容的管理会计，其基本点就是在企业的战略、方向等重大方向问题已经确定的前提下，协助企业解决在执行过程中如何提高生产效率和生产经济效益的问题，但企业管理的全局、企业同外界关系的有关问题没有在会计体系中得到应有的反映。因此，有的学者称这个阶段为传统管理会计阶段。

20 世纪 40—50 年代，行为科学管理和数量管理理论在生产上得到了广泛应用，因此，需要有一种能为上述行为科学管理和数量管理服务的会计体系与之相配套。于是专门以强化企业内部管理、提高经济效益为目的的现代管理会计体系就正式形成了，并于 1952 年在伦敦召开的国际会计师联合会（IFAC）年会上正式通过了"管理会计"（Management Accounting）这一专门术语。从此，企业会计分为财务会计和管理会计两大分支。

二、管理会计的发展时期

第二次世界大战以后，现代科学技术大规模地应用于生产领域，使生产力获得了十分迅猛的发展，企业的规模继续不断地扩大，跨国公司的出现，使市场经济在深度、广度和规模上已臻于完善。市场瞬息万变和产品更新换代的加快，使企业的经营策略由原来的降低产品成本、提高产量、扩大利润、按照既定方针办事，转变为科学决策和规划未来，以适应市场变化的需要。这些新的条件和环境，对管理会计提出了新的要求，既强烈要求企业的内部管理更加合理化和科学化，还要求企业具有灵活反应和高度适应市场的能力；否则，就会在竞争中被淘汰。第二次世界大战后，资本主义经济发展的新情况，使泰罗的重局部、轻企业管理全局和企业同外界关系的弊端暴露出来了；同时，泰罗制忽视了人的因素，把人当作赚钱的机器，极大地挫伤了工人的劳动积极性，已经起不到提高劳动生产率的作用。在这种情况下，现代决策理论、行为科学和运筹学等就应运而生，并且被引用到管理会计中来，使管理会计的科学内容得到了丰富和发展。

现代管理会计阶段约始于20世纪90年代之初，延伸到以后较长的岁月，不断由较低级阶段向较高级阶段发展。

20世纪90年代以后，对管理特性的重新定位所导致的管理会计思想观念上的创新，体现了一个重要的发展趋向，即从科学观向人文观发展的趋向。

1993年，美国管理大师彼得·德鲁克出版的《后资本主义社会》（*PostCa pitalist Society*）一书认为"知识社会"本质上是"后资本主义社会"，使"知识经济"成为"后资本主义经济"的根本原因是"知识"的"准公共产品"特性。后资本主义社会同典型的资本主义社会不同，是由于经济增长的原动力，不是来自传统的"资本家"的投资，而是来自知识的创新与运用。

与此相适应，这一时期的管理会计在思想观念上有了很大的创新，人们对管理会计的特性有了重新认识，认为管理会计是融管理与会计于一体的一个专门领域，是管理信息系统中的一个子系统，是决策支持系统的重要组成部分。因而其特性自然是依管理的特性为转移，并随着管理特性的发展而发展。

此期间的管理会计出现了作业成本法、全面质量管理、全面预算管理、平衡积分卡、EVA（经济增加值模型）等管理会计方法，逐步发展至战略管理会计阶段，并且产生了质量成本会计、人力资源管理会计、资本成本管理会计、增值会计以及环境管理会计等新领域。

现代管理科学的发展及在企业管理中的成功应用，为现代管理会计奠定了理论和方法基础，使早期的管理会计的技术方法得到了进一步的发展，并进一步拓展了会计的管理职能，即从解释过去转向控制现在和筹划未来。例如，借助于运筹学中的有关理论和技术，建立了经营决策会计、投资决策会计；以行为科学为指导思想，建立了责任会计的方法体系等，基本上形成了以预测决策会计为主，以规划控制会计和责任会计为辅的现代管理会计新体系。20世纪50年代开始，英美等发达国家将管理会计课程列入了高等院校会计和其他相关专业的主干课程。西方的会计学者撰写了大量的管理会计教材、专著、论文等。在一些发达国家及国际会计师联合会的组织里，还出现了单独的管理会计协会，这标志着早期的管理会计产生了质的飞跃，并发展成为以现代管理科学为依据的"决策与计划会计"和以行为科学为指导思想、以"执行会计"为主体的现代管理会计结构体系。

（一）现代决策理论对管理会计发展的影响

现代管理科学认为，要尽可能地提高企业内部的生产经营活动和各个环节的效率。提高工作效率固然很重要，但更重要的是应该把正确地进行经营决策放在首要位置。所以说，"管理的重心在经营，经营的重心在决策"，就是为适应新的情况而提出来的企业管理上的新的指导方针。

企业的经营管理者要进行正确的决策就必须要求会计工作者提供有关决策的信息，于是把现代决策理论吸收引用到管理会计中来，从而构成以服务于全面提高企业经济效益为核心的决策性的管理会计。它不同于以提高劳动生产率和经济效果为核心的执行性的管理会计，它使管理会计日趋成熟，进入其发展历程中的高级阶段。

（二）行为科学对管理会计发展的影响

行为科学主要运用心理学、生理学、社会学等学科的原理研究人的各种行为的规律性，目的是激发人的主观能动性和创造精神，协调人际关系。行为科学主要有马斯洛的需要层次论、赫茨伯格的双因素理论和麦格雷戈的 X 理论和 Y 理论等。责任会计全面吸收了行为科学的理论和方法。责任会计中的首要内容就是划分责任中心，使每个责任中心的职工都承担一定的责任，符合人类自愿承担责任的天性。责任中心的责任是通过责任预算来实现的，工人要参与预算的编制，使工人感到企业对自己的重视和信托，产生一种归属感。工人利用责任中心赋予的权力，就有了实现自我价值的机会。责任会计对行为科学成功地运用，极大地推动了管理会计的发展。

（三）运筹学在现代管理会计中的应用

运筹学主要是应用数学和数理统计学的原理和方法，建立许多管理方法与模型，以协助管理人员对企业的生产经营活动按照最优的要求进行预测、决策、组织、安排和控制，促进企业生产经营实现最佳的效益，例如根据库存原理建立"经济订货批量"和"经济生产批量"模型，运用线性规划确定产品的最优组合，运用回归分析方法分解混合成本，运用概率进行风险性决策分析，等等。运筹学在管理会计中的应用，使管理会计的方法精密化，是保证现代管理会计能够卓有成效地全面提高企业生产经营效益的一个必要条件。

综上所述，我们可以从管理会计的历史演变中，把握管理会计形成和发展的主要规律，认识管理会计是适应商品经济和市场经济发展的需要，广泛地吸收、借鉴管理科学和其他相关科学的研究成果，从而形成一门旨在强化企业内部经营管理的综合性的边缘科学——管理会计。

第二节 管理会计的内涵阐释

经过漫长的发展，管理会计的内涵不断成熟和完善，在总体框架上已经基本达成共识，管理会计的职能与工作范畴也逐渐明确，管理会计帮助加强内部经营管理从而追求价值最大化的目标也日趋清晰。

一、管理会计的概念理解

管理会计的概念是在不断发展变化的，多年来美国会计学会（AAA）、美国管理会计师协会（CMA）、国际会计师联合会（IFAC）、财务与管理会计委员会（Financial and Manage-ment Accounting Comitee）、英国特许管理会计师公会（CIMA）、英国成本与管理会计师协会等权威机构都对管理会计做出了定义。20世纪80年代初，西方管理会计学理论被介绍到中国，以厦门大学余绪缨教授为代表的一批学者率先在我国宣传、介绍和研究管理会计问题，这些研究对管理会计内涵的表述也不尽相同。

结合中外管理会计发展及对内涵的解读，本书采用的管理会计的概念如下：管理会计是决策的支持系统，它运用一系列专门的方法，收集、分类、处理、汇总、分析和报告各种与企业管理有关的信息，以保证企业科学地进行预测、决策、规划、控制与考评管理活动，是一项帮助企业加强内部经营管理、实现最佳经济效益的组织工作。

二、管理会计的目标分析

管理会计是适应企业加强内部经营管理、提高企业竞争力的需要而产生和发展起来的，因此，管理会计的最终目标是提高企业的经济效益。为实现提高经济效益的最终目标，管理会计应实现以下两个分目标：

（一）管理会计为管理和决策提供信息

管理会计应向各级管理人员提供以下经过选择和加工的信息：

第一，与计划、评价和控制企业经营活动有关的信息，包括历史的信息和未来的信息。这些信息有利于各级管理者加强对经营过程的控制，实现最佳化经营。

第二，与维护企业资产安全、完整及资源有效利用有关的信息。

第三，与股东、债权人及其他企业外部利益关系者的决策有关的信息，这些信息将有利于投资、借贷及有关法规的实施。

（二）管理会计参与企业的经营管理

在现代管理理论的指导下，管理会计正在以各种方式积极参与企业的经营管理，将会计核算推向会计管理。

从实践角度看，管理会计以制定各种战略、战术及经营决策、帮助协调组织企业工作等方式参与管理，不仅有利于各项决策方案的落实，而且有利于企业在总体上兼顾长期、中期和短期利益的最佳化运行。

三、管理会计信息的质量特征

管理会计所提供的信息必须具有以下质量特征：

（一）准确性特征

准确性是指管理会计所提供的信息在相关范围内必须正确地反映客观事实。根据不正确甚至错误的信息是无法做出正确决策的。强调准确性必须明确准确性和精确性之间的关系。正确的信息并不意味着越精确越好，事实上，管理会计更重视信息的准确性。

（二）相关性特征

相关性是指管理会计所提供的信息应该具有对决策有影响或对预期产生结果有用的特征。例如，在运用差量分析法进行短期经营决策时，差量收入、差量成本、差量收益就是对预期结果有用的信息，并且上述概念所依据的相关收入、相关成本也是对预期结果有用的信息。

相关性取决于目标函数的结构，即相关性是就特定目的而言，对某一决策目的是相关的信息，对另一决策目的就不一定相关了；此外，相关性还强调各信息用户的目标与整个组织的最高管理层的目标之间的一致性与和谐性。内部报告提供的信息，如果其成功或失败对整个组织及其不同的部门都具有同样的意义，那么也将有助于内部目标的和谐性。

（三）一贯性特征

一贯性是指同一企业不同时期应使用相同的规则、程序和方法，其目的在于使企业本身各个年度的管理会计信息能够相互可比；否则，管理会计就无法确定单位财务状况和经营成果的变化是来自单位的运营活动，还是由于采用了不同的规则、程序和方法所造成的。

应注意的是，一贯性并不排斥因客观条件变化而采用不同的规则、程序和方法。

（四）客观性特征

客观性是指由两个以上有资格的人利用相同的规则、程序和方法，对同样一组数据进行检验，可以得出基本相同的计量结果和验证结论。客观性要求管理会计信息是中立的，不带任何偏向，特别是当数据用来对业绩进行评价或作为分配资源和解决争端的依据时，更应如此。

（五）及时性特征

及时性是指管理会计必须为管理者决策提供最及时、迅速的信息。及时的信息有利于正确地决策；相反，过时的信息则会导致决策的失误。

在准确性和及时性之间，管理会计更重视及时性，甚至愿意牺牲部分准确性以换取信息的及时性。提高信息的及时性，可以通过缩短信息的经历时间来实现。信息的经历时间由两部分组成：间隔时间和延迟时间。间隔时间是指编制彼此相毗连报告的时间差；延迟时间则是指处理数据、编制报表和分发报告所必需的时间。有效地缩短上述两个部分的时间间隔，就可以提高管理会计的及时性。

（六）灵活性特征

灵活性是指数据能够成为几种不同类型的信息，从而为不同管理者服务的程度。它既取决于把所应用的基本数据分为哪几个明确的类型，又取决于每个类型的综合程度。例如，我们既可以按成本性态将成本分为固定成本、变动成本和混合成本，以满足预测、决策的需要，又可以按可控性将成本分为可控成本和不可控成本，以便进行成本控制和责任考核。

灵活的信息分类能够更好地适应不同的管理要求，并减少管理所需要的信息数量。

（七）简明性特征

简明性是指管理会计所提供的信息，无论在内容上还是形式上都应当简单明确、易于理解，使信息使用者理解它的含义和用途，并懂得如何加以使用。简明性强调：凡是对管理者做出某种判断或者评价有重要影响的信息，必须详细提供；凡是对管理者做出某种判断和评价没有重要影响的信息，可以合并、简化提供。

明确且易于理解的信息，有助于管理人员将注意力集中于计划与控制活动中的重大因素。例如，在为管理者提供有关成本控制的信息时，提示成本差异的信息将有助于管理者重视差异并采取有效措施，消除不利差异、保持有利差异，促进企业的健康发展。

（八）成本效益平衡性特征

管理会计信息的取得都要花费一定的代价。因此，必须将形成、使用一种信息所花费的代价与其在决策和控制上所取得的效果进行对比分析，借以确定在信息的形成、使用上如何以较小的代价取得较好的效果。无论信息有多么重要，只要其成本超过其所得，就不应形成和使用该信息。

第三节 管理会计与财务会计的关系

管理会计与财务会计是现代企业会计的两个分支，它们之间既相互联系，又相互独立，在企业的管理活动中发挥着相互不可取代的作用。

一、管理会计与财务会计的相互联系

（一）二者的研究对象相同

如前所述，财务会计与管理会计是现代企业会计的两大分支，共同构成了现代企业会计系统这一有机整体，并相互依存、相互补充。两者的对象都是企业经济活动信息，只是因为分工不同，各有侧重。管理会计侧重现在和未来的经济活动信息，财务会计记录和反映已经发生的经济活动；管理会计侧重特定的、部分的经济活动信息，财务会计反映企业整体的经济活动。因此，两者的研究对象保持了一致，而且在时间和空间上具有互补性，保证了企业经济活动信息的全面和完整。

(二) 二者的信息来源相同

管理会计和财务会计的资料都是基于企业的各项经济业务事项,财务会计是按照交易事项的先后顺序,进行全面的记录、记账、报账,形成财务会计信息。管理会计所需的多数信息来源于财务会计系统,并对财务会计所提供的信息进行深加工和再利用,因此管理会计的工作质量会受到财务会计信息质量的制约。

(三) 二者的最终目标一致

管理会计和财务会计所处的工作环境相同,都以企业的生产经营活动及其价值表现为对象,最终目标都是为了提高企业经济效益,实现企业价值最大化。财务会计主要是通过定期的财务报表,为企业外部的利害关系人提供财务信息,以提高经济效益。管理会计侧重于为企业内部的经营管理服务,为企业管理部门正确地进行最优管理决策和有效经营提供有用的资料,强化内部管理,提高企业经济效益。

二、管理会计与财务会计的区别

管理会计与财务会计的区别体现在以下方面:

(一) 服务对象不同

财务会计工作的侧重点在于为企业外部利益的相关主体,如投资者、债权人、税务部门等提供会计信息服务。从这个意义上说,财务会计又可称为"外部会计"或"对外报告会计"。

管理会计作为企业会计的内部会计系统,其工作的侧重点主要为强化企业内部管理提供各种信息服务,为企业内部各级管理者提供有效经营和最优化决策的管理信息系统。因此,管理会计又称为"内部会计"或"对内报告会计"。

(二) 工作主体的层次不同

财务会计的工作主体往往只有一个层次,即主要以整个企业为工作主体,从而能够适应财务会计所特别强调的完整反映、监督整个经济过程的要求,并且不能遗漏会计主体的任何会计要素。

管理会计的工作主体可分为多个层次,它既可以以整个企业为主体,又可以将企业内部的局部区域或个别部门甚至某一管理环节作为工作的主体。

(三) 基本职能不同

财务会计是把已经发生的经济事实真实、准确、及时地记录下来，所履行的是核算、监督企业经营活动状况和财务成果的职能，实质上是属于反映过去的"报账型会计"。

管理会计则履行预测、决策、规划、控制和业绩考评的职能，属于主要面向未来的"经营型会计"。

(四) 核算依据不同

财务会计工作受到会计准则和会计制度的约束，财务会计信息必须符合会计准则的要求，会计准则和会计制度对财务会计来说具有很大的严肃性和权威性，必须严格遵守。

而管理会计工作却没有统一的会计原则和制度的限制与约束，它可以灵活地应用其他现代管理科学理论作为其指导原则，其核算程序可以根据企业管理的实际情况和需要确定，具有很大的灵活性。

(五) 方法体系不同

财务会计的方法比较稳定，核算时往往只需要运用简单的算术方法。财务会计比较关心如何计量和传输会计信息，一般不重视对管理人员日常行为的影响。

管理会计可选择灵活多样的方法对不同的问题进行分析处理，即使对相同的问题也可根据需要和可能而采用不同的方法进行处理，在处理信息的过程中大量运用现代数学方法，既使用货币量度，也使用非货币量度。管理会计非常关心计量结果和责任报告对管理人员日常行为的影响。

第四节　管理会计的传统方法解读

一、成本性态分析

(一) 成本性态分析方法

成本性态，又称成本习性，是指在特定条件下，成本总额与特定业务活动之间的相互依存关系。这种关系通常受到多种因素的影响，这些因素被称为成本动因。其中，数量相关的成本动因是较为常见的一种，通常表现为业务量（如产量或销售量）。

业务量是企业在一定生产经营期内投入或完成的经营工作量的统称，可以使用多种计量单位来表现，包括绝对量和相对量两类。其中，绝对量又可细分为实物量（如产品的生产量、销售量）、价值量（如产品的销售额、产品成本）和时间量（如生产工时、机器工时）三种形式；相对量可以用百分比或比率（如开工率、作业率）等形式来反映。随着企业业务活动的变化，企业的一些成本可能会相应发生变动，表现出不同的成本性态。但成本总额与业务量之间的依存关系客观存在，而且具有规律性。由于这种关系属于定量关系，因而可以用数学模型 $y = f(x)$ 进行模拟。一般情况下，我们可以把业务量看作产量或销量。

这里的成本总额是指一定时期内为取得营业收入而发生的各种营业成本费用，包括全部生产成本和销售费用、管理费用等非生产成本。

成本按性态可分为固定成本、变动成本和混合成本。

1. 固定成本

固定成本是指成本总额在一定期间和一定业务量范围内，不受业务量变动的影响而保持固定不变的成本。生产成本中列入制造费用的不随产量变动的办公费、差旅费、按直线法计提的折旧费、劳动保护费、管理人员工资和租赁费，销售费用中不受销量影响的销售人员薪酬、广告费和折旧费，管理费用中不受产量或销量影响的企业管理人员工资、折旧费、租赁费、保险费和土地使用税等都属于固定成本。

固定成本的特征如下：第一，在一定的相关范围内，即一定期间和一定业务量范围内，固定成本总额不随业务量的增减变动而变动，保持相对稳定。第二，在一定的相关范围内，单位产品负担的固定成本，随着业务量的增减变动呈反比例变动。

在管理会计中，固定成本的水平一般是以其总额表现的。但应当注意的是，固定成本总是与特定的计算期间相联系，一个月的固定成本与一年的固定成本肯定不同；而且某些成本项目只是对某一特定业务量来说属于固定成本，对其他业务量来说则可能不属于固定成本。

2. 变动成本

变动成本是指在特定的业务量范围内，其总额随着业务量变动而成正比例变动的成本，如直接材料、直接人工，以及制造费用中随业务量成正比例变动的物料用品费、燃料费、动力费及按销售量支付的报酬、装运费、包装费等。

需要注意的是，变动成本的概念是相对总额而言的，如果从单位成本的角度来看，情况则恰恰相反。单位变动成本不受产量变动的影响，其数值保持不变。

变动成本的特征：第一，在一定的相关范围内，即一定期间和一定业务量范围内，变动成本总额随业务量的增减变动成正比例变动。第二，在一定的相关范围内，单位产品负担的变动成本不随业务量的增减变动而变动，保持相对稳定。

3. 混合成本

混合成本是指介于固定成本和变动成本之间，其总额随业务量变动但不成正比例的那部分成本。全部成本按其性态分类，其结果必然出现介于固定成本和变动成本之间的成本，这些成本既具有固定成本的性质，又同时具有变动成本的性质，故称为混合成本。这是因为成本按性态分类采用了"是否变动"和"是否正比例变动"的双重分类标志。

一般来说，混合成本总额在一定时期和一定的业务量范围内，随着业务量的变动而变动，但这种变动不存在严格的比例关系。混合成本一般都有一个固定部分（即初始量），类似于固定成本；变动部分在初始量基础上随业务量成正比例变动，类似于变动成本。要说明的是，混合成本的这种变动，并不完全取决于业务量的变动，还可能受到生产经营过程中其他因素的影响。

总之，固定成本、变动成本和混合成本是按成本变动和业务量之间的规律性联系分析成本项目所表现出来的三种特性。这一分类对于管理会计有着重要意义，成为管理会计各项短期决策和控制分析方法的基础。

（二）成本分解方法

混合成本是具有固定成本和变动成本双重性质的成本。这种双重性质使得成本总额与业务量之间的比例关系不是特别清晰，使得人们难以掌握成本与业务量之间的内在依存关系，无法满足管理者对企业经济形势的预测、决策，也不便于管理者对企业未来经济活动进行规划、控制。因此，有必要采用适当的方法，将混合成本进行分解。将混合成本中的固定成本与变动成本分开，并各自分类，以便正确反映企业某一时期全部成本总额与业务量之间的依存关系，同时也便于管理成本通用模型的有效利用。

混合成本分解的方法主要有历史成本法、合同确认法、技术测定法等。

1. 历史成本法

历史成本法的基本做法就是根据以往若干时期（若干月或若干年）的数据所表现出来的实际成本与业务量之间的依存关系来描述成本的性态，并以此来确定决策所需要的未来成本数据。历史成本法认为，在既定的生产流程和工艺设计条件下，历史数据可以比较准确地表达成本与业务量之间的依存关系,而且只要生产流程和工艺不变,这种相互变动关系还可以应用到现在或将来的决策当中。

历史成本法通常又分为高低点法、散布图法和回归直线法三种。

(1) 高低点法。

高低点法是历史成本法中最简便的一种分解方法。其基本做法是:以某一期间内最高业务量(即高点)的混合成本与最低业务量(即低点)的混合成本的差数,除以最高与最低业务量的差数,其商数即为业务量的成本变量(即单位业务量的变动成本额),进而可以确定混合成本中的变动成本部分和固定成本部分。

如前所述,混合成本是混合了固定成本与变动成本的成本,在一定的相关范围内,我们可以用 $y = a + bx$ 这样一个数学模型来近似地描述它,这也是高低点法的基本原理。在这个相关范围内,固定成本(a)既然不变,那么总成本(y)随业务量(x)的变动而产生的变量就全部为变动成本(b)。高点和低点的选择,完全是出于尽可能覆盖相关范围的考虑。

高低点法的具体步骤如下:

设:高点的成本性态为:$y_1 = a + bx_1$ (1-1)

低点的成本性态为:$y_2 = a + bx_2$ (1-2)

用式(1-1)减去式(1-2)得 $y_1 - y_2 = b(x_1 - x_2)$ (1-3)

式(1-3)表明总成本的差量是业务量的差量与单位变动成本的乘积,即全部变动成本。整理后则有:

$$b = \frac{y_1 - y_2}{x_1 - x_2} \tag{1-4}$$

将式(1-4)代入式(1-1)则有 $a = y_1 - bx_1$;

将式(1-4)代入式(1-2)则有 $a = y_2 - bx_2$。

其成本性态模型计算公式为:

$$成本总额 = 固定成本总额 + 单位变动成本 \times 业务量$$

高低点法的主要优点是简便,不需要很多数据。其缺点是只采用了历史成本资料中的两组数据,而其余相关数据点未被关注,造成了信息使用的低效率,其代表性差。

(2) 散布图法。

散布图法,是根据若干期的历史成本资料,在坐标系中逐一标注出来,形成散布图,然后通过目测,画一条尽可能接近所有坐标点的直线,该直线的截距即为固定成本,再据此计算单位变动成本的成本性态分析方法。

散布图法的具体步骤如下：

第一，建立直角坐标系，以横轴代表业务量（x），纵轴代表混合成本（y）。

第二，将若干期的历史成本资料逐一标注在直角坐标系中，形成散布图。

第三，通过目测画一条直线。画此线时，力求直线两边的散布点个数相同，并且各点到直线的距离之和最小，以反映成本的平均变动趋势。

第四，该直线与纵轴的交点即为固定成本的平均值。在直线上任取一点 $M(x_0, y_0)$，将该点坐标值代入成本方程，求出单位变动成本 b，即：

$$b = \frac{y_0 - a}{x_0}$$

将 a、b 值代入成本方程，得出成本性态模型为：

$$y = a + bx$$

散布图法考虑了已经取得的全部历史资料，在这种意义上可以认为是对只考虑两个点的高低点法的一种改进。但是，成本直线是根据目测画出的，固定成本的数额也是在图上目测出来的，因此不可能十分精确。采用散布图法进行成本性态分析，所得结果往往因人而异，这是其主要缺点。它的优点是比较直观且容易掌握。

（3）回归直线法。

回归直线法，是根据一系列历史成本资料，用数学上的最小平方法的原理，计算能代表平均成本水平的直线截距和斜率，以其作为固定成本和单位变动成本的一种成本性态分析方法。

设共有 n 期业务量 x 和成本 y 的资料，每期资料的 x、y 之间的关系可用直线方程 $y = a + bx$ 表示，根据线性回归模型可求得 a、b 两个回归系数的值（推导过程从略）。

$$b = \frac{n\sum xy - \sum x \sum y}{n\sum x^2 - (\sum x)^2}$$

$$a = \frac{\sum y - b\sum x}{n}$$

根据回归分析法，计算回归直线 a、b 的值；最后，将 a、b 的值代入成本方程，建立成本性态模型 $y = a + bx$。

回归直线法利用了微分积值原理，因此计算结果比前面两种方法更为准确。但是，计算过程比较烦琐。

2. 合同确认法

合同确认法就是通过检查与对方单位签订的合同或协议中关于支付费用的具体规定来

确定费用的成本性态——哪些属于变动成本，哪些属于固定成本。合同中对支付费用的规定，一般分为两种：一是按业务量支付，二是按时期支付。一般来说，按业务量支付的属于变动成本，按时期支付的属于固定成本。这种方法通常适用于企业耗用的公用事业费，如电费、水费、煤气费、电话费等费用的成本性态的确认。

这种方法的优点是成本性态分析比较准确；但其应用范围较小，只限于签有合同的生产经营项目的成本性态分析。

3. 技术测定法

技术测定法又称工程技术法，是指利用经济工程项目的财务评价技术方法所测定的企业正常生产过程中投入与产出的关系，分析、确定在实际业务量基础上其固定成本和变动成本水平，并揭示其变动规律的一种方法。其基本做法是：根据各种材料、人工、费用的消耗与业务量之间的直接联系来合理区分哪些耗费是变动成本，哪些耗费是固定成本。

这种方法需要对每一项耗费进行分析，因此划分比较准确，但工作量较大。该方法仅用于没有成本数据，或成本数据不可靠等情况，特别是在建立标准成本和制定预算时使用此方法，科学性强。如果成本分析者具有丰富的经验并熟悉该组织的业务活动，那么其成本预测会非常可靠并对决策大有帮助。

二、完全成本法和变动成本法

成本信息是管理会计的基本信息，为了向企业管理人员提供有效的成本信息，需要选用适当的成本计算方法。在传统成本计算法中，基于对生产成本构成的不同认识，又可以分为完全成本法和变动成本法。

（一）完全成本法

1. 完全成本法的概念理解

所谓完全成本法，是指"在计算产品成本时，不仅包括产品生产过程中所消耗的直接材料、直接人工，还包括全部的制造费用（变动性的制造费用和固定性的制造费用）"[①]。由于完全成本法是将所有的制造成本，无论是固定的还是变动的，都"吸收"到单位产品上，因而也称为"成本吸收法"。

在完全成本法下，固定制造费用也与产品生产过程中消耗的直接材料、直接人工和变动制造费用一样，汇集于生产成本，并随产品的流动而结转，从而使本期已销产品和期末

---

① 孙茂竹. 管理会计学（7版）[M]. 北京：中国人民大学出版社，2015：49.

存货具有完全相同的成本组成。而变动成本法则是把固定制造费用作为期间费用处理，计入当期损益。也就是说，两种计算方法对固定制造费用的转销时间并不一致。

完全成本法的主要目的是为存货估价、确定损益和制定产品价格提供可靠的依据。完全成本法是一般公认会计准则所认定的成本计算方法，被广泛应用于财务会计的存货计价和成本核算中。常用的成本核算方法（如分批法、分步法等）都属于完全成本法。

2. 完全成本法的理论依据

（1）符合公认会计准则，统一存货成本计价。

公认会计准则为会计分期，是对持续经营的人为分割，应该通过这种分割尽量保证持续经营假设下经营成果的均衡性。完全成本法同样强调持续经营假设下经营的均衡性，认为会计分期是对持续经营的人为分割。因此，固定制造费用应该被认为是一种可以在将来换取收益的资产，其成本结转也应与未来收益的实现相配比，即分期转销。

根据大多数国家公认会计准则的规定，企业对外编制财务报表时，存货项目必须采用完全成本计价，即企业的存货必须按照包含所有制造费用在内的全部生产成本来进行估价。

（2）强调固定制造费用和变动制造费用在成本补偿方式上的一致性。

完全成本法认为，只要是与产品生产有关的耗费，均应从产品销售收入中得到补偿，固定制造费用也不例外。站在成本补偿的角度，用于直接材料的成本与用于固定制造费用的支出并无区别。因此，固定制造费用与直接材料、直接人工和变动制造费用一起共同构成产品的成本，而不能人为地将它们割裂开来。

3. 完全成本法的优缺点

（1）完全成本法的优点。

第一，成本概念与财务会计相结合。完全成本法是世界上大多数国家的会计准则和税法所要求的成本计算方法，所计算的产品成本归集了生产过程中发生的全部制造成本。按照完全成本法进行期末存货计价和损益计算，容易与财务会计的处理过程相结合，便于直接提供对外财务报告的相关数据。

第二，计算出的成本资料是产品定价决策的重要基础。由于完全成本法下的产品成本包括产品生产所需支付的所有直接和间接支出，定价决策只有以产品的全部成本为基础，才能保证固定制造费用得以足额补偿。很多企业使用成本加成的产品定价方法，而完全成本法的产品成本包含了全部制造成本，由此制定的产品价格可以保证制造成本得到补偿。

第三，更适应长期决策的需要。应用变动成本法的前提条件是进行成本性态分析。首先,这种划分大多是依据历史资料进行的,在长期决策中,未来情况可能发生很大变化,因此,这种划分方法未必可靠。其次,成本性态划分是以相关范围假设为前提的,而在长期决策中,如果涉及增加或减少生产能力、扩大或缩小经营规模等情况,固定成本和变动成本就可能突破相关范围。因此,变动成本法提供的资料不适用于长期决策。而完全成本法不需要区分变动成本和固定成本,更适用于长期决策。

(2)完全成本法的缺点。

第一,单位产品成本不能反映生产部门的真实业绩。生产部门降低单位产品成本的途径有两种:一是降低单位产品的变动生产成本(包括直接材料、直接人工和变动制造费用);二是增加产量,即降低单位产品分摊的固定制造费用。如果生产部门不采取措施控制变动生产成本,而只是一味地增加产量,虽然也会使单位产品成本下降,但却无法反映生产部门的真实业绩。

第二,所确定的分期损益结果往往难以理解,甚至会误导企业。在完全成本法下,各期利润的分布会受到各期产量变化的影响,因此,当产量与销量变化不一致时,各期利润有可能与销量走势相背离。即当某期销量比上期增加时,营业利润却比上期减少;当某期销量比上期减少时,营业利润却比上期增加;当任意两期销量相同时,营业利润却可能发生变化,尤其是当某期销量与上期相同而产量增加时,该期营业利润却比上期增加。

(二)变动成本法

20世纪50年代,随着企业环境的改变和竞争的加剧,预测、决策、规划和控制日益受到人们的重视,企业管理者逐渐认识到变动成本法不仅有利于企业加强成本管理,而且可以为预测及经营决策提供支持。由此,变动成本法得到广泛重视并应用于西方各国的企业内部管理,成为管理会计的一项重要内容。

1. **变动成本法的概念**

企业管理层要求会计部门提供更广泛有用的会计信息。为了取得企业内部经营管理所需要的变动成本和固定成本数据,一种方法是对成本进行分解;另一种方法是采用变动成本计算,通过会计账簿系统来提供。

变动成本法以成本性态分析为基础,将全部成本划分为变动成本和固定成本,在核算产品成本时只包括变动成本而不包括固定成本,固定成本作为期间成本在发生的当期全部直接转为费用,列入利润表的减项。可见,变动成本法和完全成本法的本质区别是前者产品成本只包括变动制造成本,不包括固定制造成本(即固定制造费用)。

与混合成本分解得到的成本信息不同,变动成本法提供的是特定会计期间变动成本和固定成本的实际成本，而不是历史平均值或标准值，主要用于业绩评价与考核。它与完全成本法共同构成传统的成本计算方法。尽管变动成本不符合公认会计准则和会计制度对成本计算的要求，不能用来编制对外报告，但它是管理会计用于企业内部管理、规划和控制企业经济活动的重要方法之一。从目前的情况来看，这两种方法并不能互相取代，而是同时使用。

变动成本计算的首要条件是将企业一定时期发生的所有成本划分为固定成本和变动成本两大类。在此基础上将与产量成正比例变动的生产成本作为产品成本，从而确定已销产品的单位成本，并将其作为期末存货计价的基础；将与产量变动无关的所有固定成本作为期间成本处理，全额从当期损益中扣除，并由此计算出企业的期间损益。可见，进行成本性态分析、正确区分变动成本和固定成本是进行变动成本计算的前提。

2. 变动成本法的理论依据

（1）产品成本应只包括变动成本。

管理会计认为，产品成本应是那些随产品实体的流转而流转，只有当产品销售出去时才能与相关的收入实现配比，并得以补偿的成本。产品成本与产品产量密切相关，在生产工艺没有发生实质性变化、成本消耗水平不变的情况下，发生的产品成本总额应当随着完成的产品产量成正比例变动。因此，在变动成本法下，只有生产成本中的变动部分才构成产品成本的内容，包括直接材料、直接人工和变动制造费用。

（2）固定制造费用应作期间成本处理。

管理会计认为，期间成本不随产品实体的流转而流转，而是随企业生产经营持续期间的长短而增减，其效益随时间的推移而消失，不能递延到下一会计期间，而应当于费用发生的当期列入利润表作为本期费用，由当期收入补偿。

与完全成本法不同，变动成本法下的产品成本不包括固定制造费用，而是将其作为期间成本，直接计入当期损益。固定制造费用是为企业提供一定的生产经营条件，以保持生产能力而发生的费用。它与产品的实际产量没有直接联系，不会随产量的增减而增减。也就是说，这部分费用所联系的是会计期间而非产品，其效益随着时间的推移而逐渐丧失，不能递延到下一会计期间。因此，当期发生的固定制造费用，应当同非生产成本一样，全部计入当期的期间成本，直接从当期收入中得到补偿，而不应随存货递延。

3. 变动成本法的优缺点

（1）变动成本法的优点。

第一，体现了收益与费用相配比的原则。变动成本法将已销产品的变动生产成本与当期收入相配比,将未销产品的变动生产成本转入存货,以便与未来销售期间实现的收入相配比。固定制造费用是为保持生产经营能力而必须发生的成本,不会因产量变化而变化,只是随着时间的推移而消失,因此,把它列入期间成本计入当期损益更加符合配比原则的要求,更能真实地反映企业的经营成本。而且,只有这样做才能解释某一会计期间没有生产任何产品却发生固定制造费用的现象。

第二,有利于进行正确的短期决策。变动成本法以成本性态分析为基础,将与产量成正比的变动性制造成本作为产品成本,而将固定制造费用作为期间费用,这样做便于管理人员从成本性态上掌握成本与业务量之间的关系,进行成本预测、规划与控制。

第三,促使企业管理者重视销售环节,防止盲目扩大生产。变动成本法揭示了销量和利润之间的内在联系。在计算营业利润时,将固定制造费用全部作为期间成本,计入当期损益,这就排除了产量高低对单位产品成本的影响。在销售单价、单位变动成本和产品销售结构水平不变的条件下,企业的营业利润与产品的销量直接相关,随销量呈同方向变动。因此,变动成本法可以促使企业管理部门重视销售环节,做好销售预测,实行以销定产。

第四,便于分清责任,有利于控制成本和评价业绩。变动成本法能够提供变动成本和固定成本的信息,这是分清经济责任、进行成本控制和业绩评价的重要依据。因为变动性生产通常由生产部门和供应部门负责,其成本的高低反映了生产部门和供应部门的工作业绩。直接材料、直接人工和变动制造费用的节约和超支,都会从产品变动成本中反映出来,从而确定生产部门和供应部门的责任,以便企业采取措施加以控制。而固定生产成本是由各有关管理部门负责的,管理部门一般通过制定费用预算对其进行控制。

(2)变动成本法的缺点。

第一,在成本划分上存在一定的假定性。变动成本法将总成本划分为固定成本和变动成本,但是在现实中,由于混合成本大量存在,企业要实施变动成本法,首先必须对混合成本进行分解。但是,这种分解往往只是一种粗略的估算,以至成本分解的过程难免具有一定的主观性和假定性。

第二,不能满足对外报送财务报告的要求。按照财务会计的成本概念,成本是为了特定目的发生的以货币计量的价值牺牲。按照这种成本概念,产品成本就应该既包括变动生产成本,也包括固定生产成本。而变动成本法却不符合这一传统的成本概念,无法用于对外提供财务报表和纳税申报。目前,世界各国财务会计准则都要求以完全成本法为基础编制对外的财务报告,如果按变动成本法编制财务报告,在期末有存货的情况下,会使资产价值偏低。因此,变动成本法所提供的信息只能为企业内部管理服务。

第三，在先进的制造环境下将失去实际意义。随着生产自动化程度的提高和生产技术密集程度的提高，企业产品中制造费用的比重越来越大，直接人工费用与直接材料费用所占的比重越来越小，进行变动成本计算将会失去其实际意义。而且适时生产系统下的"零存货"将自然而然地消除完全成本计算法造成的利润与销售脱节的现象，因为这种现象正是基于期末存货的变化。因此，在新的技术经济条件下，完全成本计算法可以克服前述的缺陷而适用于企业内部管理。

（三）完全成本法与变动成本法的区别

完全成本法与变动成本法的本质区别在于对固定制造费用的处理方法不同。这种不同导致了这两种成本核算方法之间存在一系列的差异。这些差异主要表现在产品成本的构成、存货的估价、利润表编制的格式及损益计算等方面。

1. 产品成本构成内容不同

完全成本法和变动成本法对总成本分类角度的不同，使产品成本构成也不同。变动成本法将全部成本按成本性态划分为变动成本与固定成本，只将直接材料、直接人工和变动制造费用计入产品成本，而固定制造费用作为期间费用处理被排除在产品成本之外。其理由是：固定制造费用是一种生产能力成本，一旦期间结束，由该生产能力提供的利益也就结束，因此不能计入存货成本。而完全成本法将制造成本全部计入产品成本，管理费用和销售费用归为期间成本计入当期损益。这两种方法的产品成本差异可见表1-1。[①]

表1-1 两种成本计算法在产品成本构成上的不同

类别	完全成本法	变动成本法
生产成本	单位直接材料	直接材料
	单位直接人工	直接人工
	单位变动制造费用	变动制造费用
	单位固定制造费用	—
期间费用	—	固定制造费用
	销售费用	销售费用
	管理费用	管理费用

2. 对存货的估价不同

采用完全成本法时，各期发生的固定制造费用和其他成本一样，在完工产品与在产品

---

① 周倩，李大伟. 管理会计 [M]. 郑州：河南大学出版社，2017：32.

之间分配，完工产品出售时，全部成本还要在已销产成品和库存产成品之间分配。所以，期末产成品和在产品中不仅包含了变动生产成本，而且还包含了一部分固定生产成本。

采用变动成本法时，由于只将变动生产成本在已销产成品、库存产成品和在产品之间进行分配，固定生产成本没有结转至下期，全额直接从本期销售收入中扣减，所以期末产成品和在产品存货并没有负担固定生产成本，其存货成本必然低于完全成本法所确定的金额。

3. 利润表格式不同

（1）完全成本法损益计算过程。

$$销售毛利=销售收入-销售成本$$

$$营业利润=销售毛利-（销售费用+管理费用）$$

（2）变动成本法损益计算过程。

$$边际贡献=销售收入-变动成本$$

$$营业利润=边际贡献-固定成本$$

由于变动成本法和完全成本法的已销产品成本和期末存货所包含的成本内容不同，使得计算损益的方式也不同，编制利润表的格式也有所不同见表1-2[①]。

表1-2 两种成本法下的利润表

完全成本法	变动成本法
销售收入	销售收入
减：销售成本	减：变动成本
期初存货成本	变动生产成本
加：本期生产成本	变动销售和管理费用
减：期末存货成本	边际贡献
销售成本合计	减：固定成本
销售毛利	固定制造费用
减：销售和管理费用	固定销售和管理费用
营业利润	营业利润

4. 损益计算结果不同

由于两种成本计算方法对固定制造费用的处理不同，所以对各期营业利润的影响也就不同。在完全成本法下，固定制造费用的补偿由当期生产的期末存货和已销产品共同承

---

① 周倩，李大伟. 管理会计［M］. 郑州：河南大学出版社，2017：34.

担，固定制造费用"盘存"进入存货成本，进而分别进入期末存货成本和本期销售成本，而本期期末存货成本则是以后期间的销售成本。由于各期产销量不平衡，可能会使各期期末存货发生增减变化，进而各期销售成本承担的固定制造费用也不相同。而在变动成本法下，固定制造费用作为期间费用从当期损益中扣除，全部由当期销售的产品承担。这样，两种成本法下，各期损益承担的固定制造费用不相同，营业利润就会出现差异。

事实上，固定制造费用对营业利润的影响程度取决于产销量的均衡程度，产销量越均衡，两种方法计算的营业利润的差异就越小；反之，则越大。完全成本法计算的营业利润与变动成本法计算的营业利润之间的差额计算公式为：

营业利润差异额=期末存货包含的固定制造费用-期初存货包含的固定制造费用

三、本量利分析

成本、业务量和利润是管理会计定量分析最常用的三个指标。本量利分析强调了成本、业务量和利润之间的相互关系，是对公司所有财务信息的综合反映。因此，本量利分析是财务计划和决策一个不可或缺的组成部分。

（一）本量利分析的概念理解

本量利分析的全称是成本—业务量—利润之间的关系分析，又称量本利分析，它是指在对成本按性态划分的基础上，就成本、业务量、利润三者之间的依存关系所进行的分析。即以数量化的会计模型或图形来揭示售价、销量、单位变动成本、固定成本总额以及利润等有关因素之间内在的、规律性的联系。通过对这种联系的研究，可为企业规划、控制乃至决策提供必要的经济信息和相应的分析手段。

本量利分析是现代管理会计学的重要组成部分。运用本量利分析不仅可为企业完成保本、保利条件下应实现的销售量或销售额的预测，而且若将其与风险分析相联系，可为企业提供化解经营风险的方法和手段，以保证企业既定目标的实现；若将其与决策分析相结合，可帮助企业进行有关的生产决策、定价决策和投资项目的不确定性分析。此外，本量利分析还可成为编制全面预算和控制成本的基础。

（二）本量利分析的基本假设

本量利分析是建立在一定的假设基础之上的，这些假设限定了本量利分析的应用范围，而且由于受各种因素的影响，往往与实际情况不相符。如果忽略了这一点，特别是当假设不能成立时，就会造成本量利分析不当，做出错误的预测和决策。下面对这些重要假设进行说明。

一是成本性态分析假设。假设所有的成本都已划分为固定成本和变动成本两大类，并建立了相应的成本模型；产品成本是按变动成本法计算的，即产品成本中只包括变动成本，所有的固定成本（包括固定制造费用）均作为期间成本计入当期损益。这个假设是本量利分析的出发点和基础。

二是线性关系假设。线性关系假设包括两个方面的内容：一是假定销售单价为常数，即销售收入与销售量成正比例关系，销售收入函数表现为线性方程，该假定的前提条件是产品成本处于成熟期，售价比较稳定；二是在相关范围内，单位变动成本为常数，变动成本与产销量成正比例关系，即变动成本函数表现为线性方程。

三是固定成本不变假设。假定在相关范围内，固定成本总额保持不变。

四是产销平衡假设。假定在只安排一种产品生产的条件下，生产出来的产品总是可以找到市场，即产量和销售量相等，可以实现产销平衡。

五是品种结构稳定假设。假定一个生产多品种产品的企业在产销总量发生变化时，原来各种产品的产销量占全部产品产销总量的比重不发生变化。

六是营业利润假设。在会计理论与实务中，利润有多种指标，如营业利润、利润总额、净利润等。营业利润与成本、业务量的关系更加密切，因此，本量利分析中计算的利润仅为营业利润，并未考虑营业外收支业务及所得税的影响。

以上有关本量利分析的一系列假设，是对企业日常具体而复杂的经济业务活动所进行的一种简单化的抽象，这种抽象结果不仅为深入揭示成本、业务量以及利润三者之间的内在联系创造了条件，而且也为初学者理解和掌握本量利分析提供了方便。但是我们也应该看到，企业现实的生产经营活动往往会超越上述假定，这就对本量利分析方法的实际应用提出了更高的要求，即切忌盲目照搬滥用，成功地运用必须结合企业自身的实际情况。在运用本量利分析原理进行预测或规划的基础上辅之以必要的调整或修正，或从更深层次的角度研究建立适合本企业特点的诸如在完全成本法条件下、产销不平衡条件下或非线性条件下的本量利分析模型，从而克服本量利分析方法的局限性，使其得到广泛的应用。

（三）本量利分析的基本内容

本量利分析在实际工作中有比较广泛的用途，其基本内容主要包括保本分析、保利分析及各因素变动对本量利分析的影响。

本量利分析首先是保本分析，即确定盈亏平衡点（保本点）。保本点，就是在销售单价、单位变动成本和固定成本总额不变的情况下，企业既不盈利又不亏损的销售数量。保利分析，即分析在销售单价、单位变动成本和固定成本总额不变的情况下，销售数量变动对利润的影响，从而确定目标利润，进行利润规划。最后，再进一步分析销售单价、单位变动成本和固定成本总额等因素的变动对保本点、保利点、经营的安全程度以及利润的影响。

只有对企业经营活动安全性进行正确的估量，对企业盈亏状况有一个基本了解，经营决策者才能在管理活动中以较少的消耗和风险取得较多的盈利，并采取相应的对策，规避风险，提高企业经营效益。因此，盈亏平衡分析在规划企业经济活动和经营决策中具有广泛的用途。

(四) 本量利分析的重要指标

在本量利分析中，常用的指标有边际贡献、盈亏临界点、安全边际和安全边际率等。其中边际贡献是一个非常重要的指标，它是指销售收入减去变动成本后的差额，能说明企业产品的创利能力。边际贡献的重要意义在于它是衡量企业盈利或亏损的重要界限。如果边际贡献能够弥补固定成本，说明企业盈利；如果边际贡献不能弥补固定成本，则说明企业亏损。边际贡献的具体表现形式有绝对数和相对数两种。其绝对数又分为边际贡献总额和单位边际贡献两种，其计算公式为：

$$边际贡献总额 = 销售收入 - 变动成本$$

$$单位边际贡献 = \frac{边际贡献总量}{销售量}$$

$$= \frac{销售收入 - 变动成本}{销售量}$$

$$= \frac{(销售单价 - 单位变动成本) \times 销售量}{销售量}$$

$$= 销售单价 - 单位变动成本$$

边际贡献的相对数是指边际贡献率，是边际贡献在销售收入中所占的百分比，其计算公式为：

$$边际贡献率 = 边际贡献总额 \div 销售收入 \times 100\%$$

$$或边际贡献率 = 单位边际贡献 \div 销售单价 \times 100\%$$

$$= 1 - 单位变动成本 \div 销售单价$$

$$= 1 - 变动成本率$$

变动成本率是变动成本在销售收入中所占的百分比。边际贡献率与变动成本率的关系如下：

边际贡献率+变动成本率=1

可见，边际贡献率与变动成本率呈现此消彼长的关系，变动成本率高的企业，边际贡献率必然低；反之，边际贡献率必然高。因此，从管理的角度来看，降低变动成本率是十分必要的。

第二章 现代企业管理会计的各项职能

第一节 企业经营预测

一、企业经营预测概述

经营预测是指根据历史资料和现在的信息，运用一定的科学预测方法，对未来经济活动可能产生的经济效益和发展趋势做出科学的预计和推测的过程。

（一）企业经营预测的意义体现

第一，经营预测是企业进行经营决策的基础和依据。决策需要在掌握充分的信息的基础上进行，预测提供的信息是决策的依据，预测是决策正确的前提，没有正确的预测就不会有正确的决策。预测分析是决策的基础，是决策科学化的前提条件。为了合理地规划企业的经济活动，必须把预测分析与决策分析紧密联系起来加以应用，才能相得益彰。

第二，经营预测有利于提高企业的竞争能力。科学的预测可以减少盲目性。正确的、富有远见的经营预测，会使企业掌握先机，尽早做出对企业发展有利的决策，从而提高企业在竞争中的地位。

第三，经营预测是企业进行科学管理的基础。合理而可靠的预测资料可以对生产设备做出有效的产能规划，以降低生产成本。在复杂多变的市场经济条件下，需要顺应市场变化趋势、制订生产计划，并有组织地进行生产企业管理者只有进行科学的预测和周密的规划，才能主动应变，并且生产活动只有按计划有序进行，才能实现预期的经营目标。

（二）企业经营预测的基本方法

预测分析所采用的方法种类繁多，随分析对象和预测期限的不同而各有所异。其基本方法大体上可归纳为定性分析法和定量分析法。

1. 定性分析法

定性分析法主要是依靠预测者的主观判断和分析能力来推断事物的性质和发展趋势的分析方法。由熟悉相关业务的专家凭借他们所掌握的知识技能，或者是长期积累的实践经验，经过调查研究，结合预测项目的特点进行综合分析，提出初步意见，然后对初步意见反复进行补充、修正，最后对某一事项的未来发展趋势做出判断预测的一种分析方法，因此又称作"判断分析法"或"集合意见法"。这种方法在量的方面不易准确，一般是在企业缺乏完备、准确的历史资料的情况下采纳。

2. 定量分析法

定量分析法主要是运用现代数学方法和各种计算工具对预测所依据的各种经济信息进行科学的加工处理，并建立经济预测的数学模型，充分揭示各有关变量之间的规律性联系，最终对计算结果做出分析说明。定量分析法又可分为两类：一类的基本思路是，未来是"过去历史的延伸"，因此可以将某个指标过去的变化趋势作为预测未来的依据；另一类则是以一个指标联系他项指标进行分析，根据它们之间的规律性联系作为预测未来的依据，通常是以一个指标的变动情况为基础来推断另一项指标变化程度。

（1）趋势分析法。趋势分析法又称时间序列法，是把历史资料按照时间顺序排列，运用一定的数学方法，对历史资料进行加工、计算，借以预测将来走势的一种分析法。例如，算术平均法、移动加权平均法、平滑指数法等，这种方法的实质就是把未来视为历史的延伸。

（2）因果分析法。因果分析法是根据各有关指标之间存在的相互依存、相互制约的因果函数关系，建立相应的因果数学模型进行预测分析的方法。例如，本量利分析法、回归分析法等。

（三）企业经营预测的一般程序

经营预测的一般程序，大体上可分为以下五个步骤：

第一，确定预测目标。首先要弄清预测什么？是预测利润还是预测销售量，或是预测成本，等等。然后再根据预测的具体对象和内容确定预测的范围，并规定预测的期限。

第二，收集有关的信息。系统的、准确的会计信息及其他有关的资料是开展预测分析的前提条件。因此，必须对收集来的大量经济信息进行加工、整理、归纳、鉴别，去伪存真，寻找出各因素之间相互依存、相互制约的关系，并从中发现事物发展的规律，作为预测的依据。

第三，选择预测方法。根据预测目标选择预测分析的专门方法，建立预测的数学模型，或拟订预测的调查提纲——对有定量资料可以进行定量预测的，要比较甄别选择合适的预测模型；对没有定量资料的，可以选择适合的定性预测方法。

第四，做出预测结论。根据定量分析与定性分析，进行判断，揭示事物的变化规律，做出实事求是的预测结论。

第五，对预测结果进行修正。经过一定期间，对过去所做出的预测结论必须进行检验，将实际数与预测数进行比较，检查过去的预测结论是否准确，并找出误差原因，以便及时修订根据原来预测所做出的决策或编制的计划。

（四）企业进行经营预测应注意的问题

进行经营预测，一般应注意以下几点：

一是样本数量越大越准确。根据统计学的抽样理论，抽取样本的数量越大，越具有代表性，预测分析的数值也就越准确。

二是预测时间越短越准确。预测分析必须明确某些预测对象的时间范围，预测的时间越长，越容易受到不确定因素的影响，从而使预测出来的数值越偏离实际。

三是必须充分估计可能发生的误差。由于事物的未来发展一定存在不确定性，所以预测未来的发展趋势时发生误差是难免的。预测中应该能够对误差进行检验和修正，才能尽量减少误差。

四是预测分析的方法应先进行测试。采用任何一种预测分析的专门方法，都必须先加以检验测试：针对不同预测对象的特征、占有资料的多少，进行测试和选择，通常选用简便易行、成本较低而预测结果又比较准确的方法。

五是预测的结果具有客观性。预测分析必须以客观的历史资料和合乎实践规律的经验为基础，预测结果的出现有其真实的依据，并符合客观规律。

二、企业销售预测

销售预测是企业各项预测的基础，也是进行经营预测的基础，同时销售预测也为企业规划服务，因此，搞好销售预测至关重要。企业在计划期间究竟能销售多少，必须通过市场调查，进行科学的销售预测。销售预测是根据市场上供需情况的发展趋势，以及本企业的销售单价、推销活动、产品改进、分销途径等方面的计划安排，来对该项商品在计划期间的销售量或销售额所做出的预计或估量。

销售预测包括销售量的预测、市场占有率的预测、商品销售状态预测等，本节主要介绍销售量的预测。用于销售量的预测的方法主要有判断分析法、趋势预测分析法、因果预测分析法和产品寿命周期推断法。

（一）判断分析法

判断分析法需要依靠预测人员丰富的实践经验和知识，以及主观的分析判断能力，在考虑政治、经济形势、市场变化、经济政策、消费倾向等对经营影响的前提下，对事物的性质和发展趋势进行预测和推测。在不具备完整可靠的历史资料的前提下，销售人员根据直觉判断进行预估，然后由销售经理加以综合，从而得出企业总体的销售预测趋势。

判断分析的方式主要有以下三种：

1. 营销人员意见综合判断法

由于营销人员对市场和客户情况最为了解，因此可以用调查表的形式听取他们的意见，再经过综合与分析整理以后，最终做出判断。

2. 专家会议法

专家会议法，就是邀请有关方面的专家，通过会议的形式，对某些预测事件及其发展前景做出评价，并在专家分析、判断的基础上，综合各种意见，借以对调查分析事件做出质和量的结论。这些专家可以是企业内部的，也可以是企业外部的（但是不应当包括营销人员和客户）；可以是来自实务部门的，也可以是来自理论部门的。

根据会议议程的不同和专家交换意见的要求，可分为以下三种：一是交锋式会议。每位与会专家围绕调查事件各抒己见、引发争议，经过会议讨论达成共识，做出较为一致的预测结论。二是非交锋式会议（头脑风暴法）。每个与会专家都可以独立地、任意地发表意见，但不相互争论，不批评他人意见，也不带发言稿，以便充分发挥灵感，鼓励创造性思维。三是混合式会议。混合式会议是非交锋式会议与交锋式会议的混合使用。具体来讲，在第一阶段实施头脑风暴法，在第二阶段对前一阶段的各种设想进行质疑，在质疑中可争论、批评，也可提出新的设想，不断交换意见，互相启发，最后取得一致的结论。

专家会议法的最大优点是集思广益。与会专家在阐述自己观点的同时，可通过相互启发、交流，不断完善自己的建议，"碰撞"出新的思路、方法等。最大缺点是容易屈服于"权威"。不愿意公开修正别人已发表的意见，即使这个意见明显是错误的。因此，应从以下几个方面加以注意：

第一，专家应客观、公正地表达自己的意见。与会专家应正确处理以下三个方面的因素：①感情因素。与会专家之间可能有上级、前辈、同学、朋友、同事等多种关系，不能出于感情的考虑，有不同的意见不予提出。②个性因素。不同个性的人说话的方式、方法不一样，这就要求与会专家不带任何倾向地分析他人意见。③利益因素。与会专家不一定赞成或支持与自己利益相违背的意见，这样，会使会议难以达到预期效果。

第二，组织者应做好充分的准备。首先，在召开专家会议之前，必须尽可能多地收集一些有关预测项目的背景材料，提交给所请专家。如果专家认为对这个项目比较有研究，愿意参加会议，则请其参加；如果专家认为对这次预测项目不太了解，或不感兴趣，则不要勉强其参加。其次，作为组织预测者，在专家会议上，不要做任何引导性发言，不要给予任何暗示，让专家充分、客观地发表自己的意见，做出个人判断。

3. 德尔斐法

德尔斐法是 20 世纪 60 年代由美国兰德公司首创和使用的一种特殊的调查方法。德尔斐法是采用征询意见表，借助通信方式，向一个专家小组进行调查，将专家小组的判断、预测加以集中，利用集体的智慧对市场现象的未来做出预测。

采用德尔斐法，在征询意见时，参加预测的各位专家互不通气，他们能根据自己的经验、观点和方法进行预测，消除了许多社会因素的影响，真正实现各抒己见。这种方法需要反复征询意见，一般咨询专家意见要反复 3~5 次，每次收到的信息都要做统计处理，请他们参考别人的意见再修正本人原来的判断，使得合理的意见能被大多数专家所接受，并在此基础上最终确定预测结果。

德尔斐法的实施步骤如下：

（1）制定意见征询表。在制定意见征询表时要注意以下几个要点：①征询的问题要简单、明确、易于答复。②所问问题数量不能太多。③问题内容尽量接近专家熟悉的领域，以便充分利用专家的经验。④意见征询表中提供较齐全的背景材料（企业自身的销售努力程度、竞争企业的销售努力程度、客户的收入水平，以及消费趋势、本行业的发展趋势、国民经济运行状态等），供专家做判断时参考。

（2）选定要征询的专家。在选定专家时要注意以下几个问题：①所选专家必须精通业务，熟悉市场情况，具有预见性和分析能力。②人数不能过多也不能过少，要根据课题大小和涉及面的宽窄来定，一般大课题选 20 人左右比较合适，小课题选 5 人左右比较合适。③专家之间不能互相联系，有关课题情况由调查机构用通信方式来告知。

（3）轮回反复征询专家意见。将第一轮经过汇总的专家意见和将要调查的新的意见和要求寄给专家，要求专家再提供意见和见解，轮回的次数一般是 3~5 次。征询的间隔时间一般是 7~10 天，以便专家有充足的时间整理资料和思考。

（4）做出调查的结论。专家的意见几经反馈后，通常对所要预测的问题意见会渐趋一致，最后将最末一次专家的意见进行汇总整理和统计处理，形成最终的调查结果。

德尔斐法的优点如下：①匿名性。给专家创造了一个平等、自由和充分发表意见的氛围。②反馈性。有助于提高调查质量，保证调查所收集的资料的全面性和可靠性。③具有对调查结果定量处理的特性。可根据需要从不同角度对所得结果进行统计处理，提高了调查的科学性。

德尔斐法的缺点如下：①调查结果主要凭专家判断，缺乏客观标准，故这种方法主要适合于历史资料缺乏或未来不确定因素较多的场合。②有些专家可能做出趋近于中位数或算术平均数的结论。所以，为了避免这种情况发生，有时在第二轮征询时，只告诉各专家前一轮征询后得到的极差值。③由于反馈次数较多，反馈时间较长，在此期间可能有些专家会中途退出，从而影响调查的准确性。

（二）趋势预测分析法

商品销售量（额）及变化趋势预测常见的技术方法是趋势预测分析法。它是应用事物发展的连续性原理来预测事物发展的趋势。其方法是：首先把本企业过去的销售历史资料按时间顺序排列，然后运用数理统计的方法预计、推测计划期间的销售数量或销售金额，也称时间序列预测分析法。

趋势预测分析法的优点是收集信息方便、迅速；缺点是对市场情况的变动未加考虑。根据采用的具体数学方法的不同，又分为算术平均法、移动加权平均法、指数平滑法。

1. **算术平均法**

以过去若干时期的销售量或销售金额的算术平均数作为计划期的销售量（销售额）。

算术平均法的优点是计算简便，但它使各个月份的销售差异平均化，特别是没有考虑到近期的变动趋势，因而测出的预计数与实际数可能发生较大误差。这种方法适用于销售量（销售额）比较稳定的商品，如没有季节性的食品、文具、日常用品等。

2. **移动加权平均法**

移动加权平均法是对时间序列观察值由远及近按一定跨越期计算平均值的一种预测方法。最后一个平均值是预测值计算的依据。移动加权平均法能够较好地修匀时间序列，消除不规则变动和季节变动，因而得到广泛应用。

移动加权平均法权数的确定有两种方法：①自然权数法。该法要求按自然数1，2，…，n 的顺序确定权数，即令第一期的权数为1，第二期的权数为2，以下依此类推。采用自然权数法时，遵循近期确定的加权数大，远期确定的加权数小的原则。②饱和权数法。该法要求权数的取值范围为：$0 < W_i < 1$，各期的权数之和等于1。如果期数 $n = 3$ 时，可令各期权数依次为0.2，0.3和0.5（也可设定为：0.1，0.3和0.6）；如果期数 $n = 5$ 时，可将各期权数设定为：0.04，0.08，0.13，0.25和0.5。

3. **指数平滑法**

指数平滑法实质上也是一种加权平均法。导入平滑系数 α，前期实际销售量（销售额）乘以 α，前期预测的销售量（销售额）乘以（1-α），这两个乘积相加得到本期预测销售量（销售额）。选取一般取值为 0.3~0.7。选取的平滑系数越大，近期实际数对预测结果的影响越大；选取的平滑系数越小，近期实际数对预测结果的影响越小。

注意：选取较小的平滑系数计算的结果能反映观察值变动的长期趋势；选取较大的平滑系数计算的结果能反映观察值变动的新近趋势。

（三）因果预测分析法

影响产品销售的因素是多方面的，但在这些因素中，有些因素对产品销售起着决定性的作用或与产品销售存在某种函数关系，只要找到与产品销售（因变量）相关的因素（自变量）以及它们之间的函数关系，就可以利用这种函数关系进行产品的销售预测，这种销售预测方法就是因果预测分析法。因果预测分析法在销售预测中最常用的方法是回归分析预测法。

回归分析预测法是从各种经济现象之间的相互关系出发，通过对与预测对象有联系的现象变动趋势的分析，推算预测对象未来状态数量表现的一种预测方法。回归分析预测法中的自变量与时间序列预测法中的自变量不同。后者的自变量是时间本身，而前者的自变量是反映市场现象的其他变量。

回归分析预测法是探索变量之间关系最重要的方法，用以找出变量之间关系的具体表现形式。"回归"是指某一变量（因变量）与其他一个或多个变量（自变量）的依存关系。

所谓依存关系，是指变量之间相互关系中不存在数值对应关系的非确定性的相关关系，即经济变量之间存在数量上的客观内在关系，表现为一个变量（自变量）发生数量变化，必会影响另一个变量（因变量）相应地发生数量上的变化，但因变量的数值具有不确定性。如婴儿出生数和奶粉需求量就属于相关关系，婴儿出生数增加了，奶粉需求量肯定也会增加，但究竟增加多少是无法确定的。市场现象之间存在的依存关系，大多表现为相关关系，如市场需求量与居民收入之间、市场需求量与商品价格之间、市场需求量与人口数量之间等，都表现为相关关系。

对于相关关系的数量依存关系，可采用相关关系分析和回归方程的方法加以研究。

应用回归分析预测法时必须注意其前提条件，以提高预测准确度。

第一，经济现象之间关系密切。因变量与自变量之间必须有关系，而且必须关系密切。只有正确认识经济现象之间内在的必然联系和外部的偶然联系，不为假相关所迷惑，准确地剖析两者间的相关关系，才能正确做出判断。判断相关关系密切程度，可以通过计算相关系数确定，相关系数能从数量上说明相关的密切程度。相关系数的计算和回归方程公式见混合成本分解部分。如果要用一元线性回归方法进行预测，相关系数必须大于0.7。

第二，自变量的预测值必须比因变量的预测值精确或容易求得。预测因变量的未来情况，必须有自变量的未来资料代入回归方程式才能计算出来。如果自变量的预测值更难以求得，那么该回归方程的应用价值就不大。

回归分析预测法是一种重要的市场预测方法。多数市场预测者在对市场现象进行预测时，如果能将影响市场预测对象的主要因素找到，并且能够取得其数量资料，就可以采用相关回归分析预测法进行预测。它是一种具体的、行之有效的、实用价值很高的常用市场预测方法。当应用相关回归分析预测法条件不充分时，才考虑采用趋势预测分析法等其他预测方法。

（四）产品寿命周期推断法

任何企业的生产产品过程，都有其发生、发展与衰亡的过程，即"产品寿命周期"。产品寿命周期一般可分为引进与开发（或试销）、成长、成熟、饱和与衰退几个阶段。不同阶段的销售量（销售额）是不相同的。试销期，产品刚刚投放市场，属于试水阶段，商品销售量小，增长还需要一个推广的过程；成长期，产品开始成批量生产，商品销售量迅速扩大，增长快速；成熟期，产品开始大批量生产，前期商品销售量稳定上升，后期商品销售量趋于稳定或徘徊不前；衰退期，产品面临淘汰，商品销售量逐年急剧下降。

产品寿命周期推断法就是依据产品所处的寿命周期，推断商品销售量。产品所处寿命周期如何做到量化进行判断，主要基于以下几点：

第一，产品所在行业的竞争激烈程度。不同生命周期的产品，行业的竞争程度是不一样的。竞争激烈程度可以用上一年的新进入品种、规格的数量及带来的销售量、行业内领导品牌的变化趋势、当年退市的品种与规格比例、消费者对该类产品的满足度等指标判断。处于成长期、成熟期的行业的竞争激烈程度和产品的市场集中度，随品牌、行业显现不同的分布。

第二，产品近5年市场份额和市场占有率变化趋势。产品近5年来的份额和占有率的变化，是产品成长的标志。

第三，产品消费者组成。消费者可以大致分为5类：品牌现有的忠诚消费者、竞争品忠诚消费者、游离者、对价格敏感的消费者、非使用者（潜在的消费者）。产品的消费者主要源于现有的忠诚消费者，据此可以判断出产品是否进入了成长期或成熟期。

第四，销售量增量来源分析。是不断增加新的消费者进行提量，还是通过现有消费者进行提量，如果是前者，说明还在成长期，后者则进入了成熟期。

由于寿命周期不同产品的销售额不同，因此可以根据销售量增量来源来判断未来计划期的销售情况。

三、企业成本预测

（一）成本预测概述

成本预测是指运用一定的科学方法，对未来成本水平及其变化趋势做出科学的估计。通过成本预测，掌握未来的成本水平及其变动趋势，有助于减少决策的盲目性，使经营管理者易于选择最优方案，做出正确决策。成本预测是全面加强企业成本管理的首要环节，也是正确编制产品成本计划的前提；成本预测能为企业挖掘降低成本的潜力、提高经济效益指明方向；准确地预测成本指标，能为企业的领导者正确进行生产经营决策提供依据。

1. 企业成本预测的不同分类

（1）按预测的期限分为长期预测和短期预测。长期预测指对一年以上期间进行的预测，如3年或5年；短期预测指一年以下的预测，如按月、按季或按年。

（2）按预测内容分为在制订计划或方案阶段的成本预测和在计划实施过程中的成本预测两类。

（3）按预测的目的分为有成本水平及变动趋势预测和目标成本预测两种。

2. 企业成本预测的基本程序

（1）根据企业总体目标提出初步成本目标。

（2）初步预测在目前情况下成本可能达到的水平，找出达到成本目标的差距。其中初步预测，就是不考虑任何特殊的降低成本措施，按目前主客观条件的变化情况，预计未来时期成本可能达到的水平。

（3）考虑各种降低成本方案，预计实施各种方案后成本可能达到的水平。

（4）选取最优成本方案，预计实施后的成本水平，正式确定成本目标。

以上成本预测程序表示的只是单个成本预测过程，而要达到最终确定的正式成本目标，这种过程必须反复多次。也就是说，只有经过多次的预测、比较以及对初步成本目标的不断修改、完善，才能最终确定正式成本目标，并依据成本目标组织实施成本管理。

3. 企业成本预测中必须注意的问题

成本预测要遵循成本效益平衡原则，控制预测行为本身的成本，对于发生额较小的费用项目可以简化程序;预测过程中要遵循科学的预测理论、客观经济发展规律,在分析历史数据或其他预测信息基础上做出判断,不能主观臆断;预测结果不可能绝对准确,要根据情况注意检验和调整。

(二) 企业成本水平及其变化趋势预测

一般是根据本企业的成本历史数据,按照成本习性的原理,运用数理统计的方法来估计推测成本的发展趋势。其具体做法是用 $y = a + bx$ 的直线方程式来反映成本的发展趋势,只要求出 $y = a + bx$ 中的 a 值与 b 值,就可以预测相关产量下的产品总成本。

注意:进行成本水平及变化趋势预测时,所选用的时间不宜过长,也不宜过短。由于当今经济发展快,过长资料会失去可比性;过短则不能反映出成本变动的趋势。通常选取最近的3~5年的历史资料。对于历史资料中某些金额较大的偶然性费用(材料、产品的盘亏盘盈、意外的停工损失等),在选用时应予以剔除。

求出 $y = a + bx$ 方程式中的 a 值与 b 值,最常用的有三种方法:高低点法、回归分析法和加权平均法,前两种方法在成本性态分析部分已经介绍过,这里不再重复。

加权平均法是根据过去若干时期的固定成本总额和单位变动成本的历史资料,按其距计划期的远近分别进行加权的方法。距计划期越近,对计划期的影响越大,所选取权数应大些;距计划期越远,对计划期的影响越小,所选取权数应小些。

加权平均法适用于企业的历史成本资料具有详细的固定成本总额和单位变动成本的数据,否则就只能采用其他的方法。权数可以采用自然权数或饱和权数,方法同销售预测部分。

(三) 企业目标成本的预测

成本预测的目的是确定未来生产经营期间的目标成本预测值。目标成本是指在确保实现经营目标(目标利润)的前提下,企业在成本方面应达到的目标。目标成本的预测一般有可比产品目标成本预测、不可比产品目标成本预测两种。可比产品是指企业以往年度正常生产过的产品,其过去的成本资料比较健全和稳定。不可比产品是指企业以往年度没有正式生产过的产品,其成本水平无法与过去进行比较,因而就不能通过采用下达成本降低指标的方法控制成本支出。

1. 可比产品目标成本预测的一般步骤

(1) 选择某一先进的成本水平作为初选目标成本。

(2) 根据企业预测期的目标利润计算目标成本。

目标成本＝按市场可接受价格计算的销售收入－企业预算的目标利润－应纳税金

（3）成本初步预测。成本初步预测是指在当前生产条件下，不采取任何新的降低成本措施确定预测期可比产品能否达到初选目标成本要求的一种预测，通常可采用两种方法：按上年预计平均单位成本测算预测期可比产品成本；根据前3年可比产品成本资料测算预测期可比产品成本。

（4）提出各种成本降低方案：成本降低方案的提出主要可以从改进产品设计、改善生产经营管理、控制管理费用三个方面着手。改进产品设计，开展价值分析，努力节约原材料、燃料和人力等消耗；改善生产经营管理，合理组织生产；严格控制费用开支，努力降低管理费用。

（5）正式确定目标成本。企业的成本降低措施和方案确定后，应进一步测算各项措施对产品成本的影响程度，据以修订初选目标成本，正确确定企业预测期的目标成本。测算材料费用对成本的影响；测算工资费用对成本的影响；测算生产增长超过管理费用增加而形成的节约；测算废品率降低而形成的节约。

2. 不可比产品目标成本预测的常用方法

在新技术高速发展、产品更新换代加快的情况下，不可比产品的比重不断上升。因此，为了全面控制企业费用支出，加强成本管理，除了对可比产品成本进行预测外，还有必要对不可比产品成本进行预测，预测常用的方法有技术测定法、产值成本法、目标成本法。

（1）技术测定法。技术测定法是在充分挖掘生产潜力的基础上，根据产品设计结构、生产技术条件和工艺方法，对影响人力、物力消耗的各项因素进行技术测试和分析计算，从而确定产品成本的一种方法。该方法比较科学，但工作量较大，对品种少、技术资料比较齐全的产品可以采用。

（2）产值成本法。产值成本法是按工业总产值的一定比例确定产品成本的一种方法。产品的生产过程同时也是生产的耗费过程，在这一过程中，产品成本体现生产过程中的资金耗费，而产值则以货币形式反映生产过程中的成果。产品成本与产品产值之间客观存在着一定的比例关系，比例越大说明消耗越大，成本越高；比例越小说明消耗越小，成本越低。该方法预测结果不太准确，但工作量小，比较简便、易行。

（3）目标成本法。目标成本法是根据产品的价格构成来指定产品目标成本的一种方法。产品价格包括产品成本、销售税金和利润三个部分。在企业实行目标管理的过程中，先确定单位产品价格和单位利润目标，然后可以按下列公式计算单位产品的目标成本：

单位产品目标成本＝预测单位售价－单位产品销售税金－单位产品目标利润

第二节　短期经营决策

短期经营决策的目的是在不影响企业未来的经济效益的情况下，实现本期经营效益的最大化。"管理会计的功能是为了提高企业经济效益，运用一系列数据分析规划等方法为企业决策者提供服务。"[①] 企业组织的建立是以利益为目的，管理会计的一系列方法能为企业短期决策的决策者提供参考数据，合理地制定短期经营决策，它能使企业降低成本，提高收益。

一、决策的相关知识

复杂多变的经营环境，加速了企业间的竞争。企业若想在激烈的竞争环境下生存与发展，必须依靠强大的内部管理，而决策则是企业内部管理的核心。决策一旦确定，未来将会通过预算来控制生产经营活动，促使企业有效地达到预期目标因此，决策是企业实施未来经济活动计划和控制的重要组成部分，决策的正确与否直接关系到企业的兴衰成败，企业的经营者面临的问题不是是否应该进行决策，而是如何做出正确的决策，怎样进行科学的决策的问题。

（一）决策的概念理解

所谓决策，通常是指人们为了实现一定的目标，借助于科学的理论和方法，进行必要的计算、分析和判断，从而在可供选择的方案中，选取最满意（可行）的方案的过程。从某种意义上来说，决策就是选择的过程，它是对未来各种可能的行动方案进行选择或做出决定。

决策分析就是指为实现企业的预定目标，在科学预测的基础上，结合企业内外部环境和条件，对与企业未来经营战略、方针或措施有关的各种备选方案所可能导致的结果进行系统的计算、分析和判断，并从中选出最优方案的过程。

必须指出的是，正确的管理决策需要以经过科学预测分析所提供的高质量的信息为基础。管理会计人员在这方面是可以大有作为的。他们可利用财务会计信息以及各种预测分析的资料，根据本企业的主客观条件，借助于成本效益分析原理和各种专门方法与技术，

---

① 王晨旭. 浅谈短期经营决策中管理会计的运用 [J]. 知识经济，2016（23）：73~74.

对每个备选方案可能导致的不同结果进行计算、分析和判断,并最终提出最优方案的建议,供管理当局"拍板"定案。从这个意义上来说,管理会计人员所做的工作是参与企业决策,而不是替代管理当局做出决策。

(二)决策的类别划分

企业决策涉及的范围较广,涵盖经营管理的各个环节,为了做出科学决策,正确进行决策分析,有必要从不同的角度对企业经营决策进行分类。从管理会计角度分析,企业的经营领域决策具体可以分为以下几类:

1. 根据决策收益期时间长短划分

(1) 长期决策。长期决策又称为投资决策,一般涉及对企业长期发展具有重大影响的,且影响时间在一年以上的战略性问题,如厂房设备的新建与更新决策、新产品开发决策、设计方案选择与工艺改革决策、企业剩余资金投向决策等。这类决策一般都具有使用资金量大,对企业发展影响时间长的特点。

(2) 短期决策。短期决策又称日常经营决策,短期决策对企业经济效益的影响在一年以内,决策的主要目的是使企业的现有资源得到最充分的利用。短期决策一般不涉及对长期资产的投资,所需资金一般靠内部筹措。短期决策的内容与企业日常生产经营活动密切相关,主要包括企业的销售、生产、财务、组织等方面的决策。

2. 根据决策条件的确定性程度划分

(1) 确定型决策。确定型决策是指影响决策的相关因素的未来状况是肯定的,决策的结果也是肯定的和已知的一种决策类型。它可以运用常规决策方法进行准确测算,并可以具体的数字反映出方案的经济效益。管理会计决策分析中大部分都是确定型决策。

(2) 风险型决策。风险型决策是指不能确切肯定影响决策的相关因素的未来状况,但该因素可能存在几种结果,每一种结果出现的概率是已知的一种决策类型。例如,决策者在做销售决策时可能对计划期的销售量不能完全确定,只知道可能是 4000 件、5000 件或 8000 件,其概率分别是 0.6,0.3 和 0.1。在这种情况下,决策者可以通过计算销售量预计期望值大小来进行决策。由于决策是依据可能的而不是确定的因素结果进行的,因此对方案的选取带有一定的风险。

(3) 不确定型决策。不确定型决策是指完全不能肯定影响决策的相关因素的未来状况,或者虽然知道它们存在几种可能的结果,但不知道各种结果出现的概率是多大的一种决策类型。例如,管理者在进行销售决策时,计划期的销售量可能为 1000 件、2000 件、

3000 件或 4000 件，但不知道每种销售量的概率，这种决策就完全取决于决策者的经验和判断能力。

3. 根据决策的重复程度分类

（1）程序化决策。程序化决策是指例行的或重复性的决策，它相对简单，在很大程度上依赖以前的解决方法，只需按照事先规定好的一个系统化的程序、规则或政策做就可以。例如，正常生产情况下的每次存货的采购量，就可以按照事先确定的经济订货批量采购，而无须做出新的决策。

（2）非程序化决策。非程序化决策是指复杂的、非例行的决策，这类决策是独一无二的、不重复发生的。例如，是否接受特殊价格追加订货的决策。

4. 根据决策方案之间的关系进行分类

（1）接受或拒绝型决策。接受或拒绝型决策通常是指由一个备选待定的方案而做出的决策，也称"采纳与否决策"。例如，亏损产品是否停产的决策，是否接受加工订货的决策，是否接受外单位投资的决策，等等。

（2）互斥选择决策。互斥选择决策通常是指在一定的决策条件下，存在几个相互排斥的备选方案，通过调查研究和计算对比，最终选出最优方案而排斥其他方案的决策。例如，零部件是自制还是外购的决策，联产品是否做进一步加工的决策，开发哪一种新产品的决策，固定生产设备是通过举债购置还是通过租赁的决策，等等。

（3）最优组合决策。最优组合决策通常是指有几个不同方案可以同时并举，但在其资源总量受到一定限制的情况下，如何将这些方案进行优化组合，使其综合经济效益达到最优的决策。例如，在几种约束条件下生产不同投资项目的最优组合决策。

决策除按以上的分类标准分类外，还可以按其他分类标准分类。比如，按决策者所处的管理层次不同分为高层决策、中层决策、基层决策；按决策内容分为成本决策、生产决策、定价决策、存货决策；按决策的侧重点不同分为计划决策、控制决策。

（三）决策分析使用的成本概念

成本是决定企业经济效益高低的关键因素，企业经营管理工作的问题都会通过成本指标反映出来，而成本的高低最终将体现为企业的利润。因此，决策方案的未来成本和未来利润就成为评价不同方案经济效益大小的依据。

管理会计不仅对成本进行性态分析，将成本分为固定成本和变动成本两类，同时为满足企业决策需要，又建立了若干新的成本概念，这些概念是适用于特定目的、特定条件和特定环境的成本概念。按与决策的相关性划分，可分为两类：一类是相关成本，如差量成本、机会成本、专属成本、边际成本；另一类是非相关成本，如沉没成本、共同成本。在管理会计决策问题讨论中，这里只对较为常用的成本概念进行梳理，还有许多成本概念如不可避免成本等，将在具体研究内容中进行介绍。

1. 相关成本

（1）差量成本。广义的差量成本是指一个备选方案的预期成本与另一个备选方案的预期成本之差。狭义的差量成本是指某一备选方案由于增加或减少产量而形成的成本之差。收入和差量成本相对应，是指两个备选方案的预期收入之差。差量收入减去差量成本就能够得到差量利润。

（2）机会成本。机会成本是指经营决策中选择某个最优方案而放弃次优方案的可计量价值，也可以理解为不选其他方案而付出的代价。在财务会计中，由于机会成本不构成企业的实际成本支出，故不在任何会计账户中记录。在企业经营管理中，经济资源总是有限的，选择某一经营方案必然意味着要放弃其他的获利机会，因此在管理会计决策中应考虑机会成本因素。

（3）专属成本。专属成本指那些能够明确归属于特定决策方案的固定成本或混合成本，其往往是为了弥补生产能力不足的缺陷，增加有关装置、设备、工具等长期资产而产生的。专属成本的确认与取得上述装置、设备、工具的方式有关。若采用租入的方式，则专属成本就是与此相关的租金成本；若采用购买方式，则专属成本的确认还必须考虑有关装置、设备、工具本身的性质。若取得的装置是通用的，则专属成本就是与这些装置有关的主要使用成本，如折旧费、摊销费等；如果取得的装置是专用的，则专属成本就是这些装置的全部取得成本。专属成本是与决策相关的成本，在做决策时必须考虑。

（4）边际成本。理论上，边际成本是指由产量的微量变化所引起的成本的变动数额。而实际中，产量的微量变化是相对的，微量只能小到一个经济单位，如一批、一个、一件等。因此，在管理会计中，边际成本就是产量每增加或减少一个单位所引起的成本的变动数额。

2. 非相关成本

（1）沉没成本。沉没成本是指由于过去的决策已经发生了的，且无法由现在或未来的任何决策改变的成本。可见沉没成本是对现在或将来的任何决策都无影响的成本，所以在决策时不予考虑。

（2）共同成本。共同成本是指需要由多种产品或多部门共同负担的成本，如管理人员工资、几种产品共同的设备折旧等。共同成本是与决策无关的成本，决策时可以不予考虑。

二、短期经营决策的常用分析方法

（一）边际贡献分析法

边际贡献分析法也称为贡献毛益分析法，是指在成本性态分析的基础上，通过对比各备选方案所提供的边际贡献的大小来确定最优方案的分析方法。其基本程序为：计算各备选方案的边际贡献总额，其中边际贡献总额最大的方案为最优方案，具体见表2-1。①

表2-1 边际贡献分析法计算程序和原理

项目	方案 A	方案 B
R（预期收入）	R_A	R_B
V（预期变动成本）	V_A	V_B
M（预期边际贡献）	M_A	M_B
a（预期固定成本）	a	a
P（预期利润）	P_A	P_B

如表2-1所示，边际贡献分析法即是判断M_A和M_B大小，并选择边际贡献总额较大的作为最优备选方案。在这里，"贡献"指企业的产品或劳务对企业利润目标的实现所做的贡献。传统会计认为只有当收入大于完全成本时，才形成贡献P；而管理会计则认为只要收入大于变动成本就形成了利润M。由于固定成本总额a在相关范围内不随着业务量的增减而变动，因此边际贡献M越大，则减去不变的固定成本后的余额P也越大。简而言之，边际贡献M的大小反映了备选方案对企业目标利润所做贡献的大小。

运用边际贡献分析法进行备选方案选择时，应该注意以下几点：

第一，如果不存在专属成本时，通过比较不同备选方案的边际贡献总额即可进行择优选择。

第二，如果存在专属固定成本，应计算并比较各备选方案的剩余边际贡献（边际贡献减专属成本后的余额），进行择优选择。

第三，如果企业的某项资源（如原材料、人工工时、机器工时等）受到限制，应通过

---

① 周瑜，申大方. 管理会计 [M]. 北京：北京理工大学出版社，2018：102.

计算并比较各备选方案的单位资源边际贡献进行择优选择。

第四，边际贡献总额的大小取决于单位产品边际贡献大小和产品的产销量，择优选择时应选择边际贡献总额最大的方案。也就是说决策时，不能只根据单位产品的边际贡献来进行择优选择，因为单位产品边际贡献越大，并不能代表边际贡献总额越大，同样业务量也会影响边际贡献总额。

（二）差量分析法

差量指的是两个备选方案同类指标间的数量差异。差量包括差量收入、差量成本和差量损益三类。差量收入则指两个备选方案预期收入之间的数量差异；差量成本是指两个备选方案预期成本之间的数量差异；差量损益是指差量收入和差量成本之间的数量差异，即两个方案损益的差。差量分析法即将两个备选方案的收入、成本进行比较，计算其差量收入、差量成本、差量损益，并在此基础上选择一种最优方案的方法。

差量的三个类别间的关系可用下列公式表示：

$$差量收入 = A 方案预期收入 - B 方案预期收入$$

$$差量成本 = A 方案预期成本 - B 方案预期成本$$

$$差量损益 = A 方案预期损益 - B 方案预期损益$$

如果差量损益大于0时，说明A方案可取；反之，说明B方案可取。另外需要注意的是，差量分析法仅适用于两个方案间的比较，如果要在多个方案间选择，则需要进行两两比较、分析，逐步筛选，才能选出最优方案。

（三）相关成本分析法

相关成本分析法是以成本高低作为决策依据的，在备选方案业务量能够事先确定的情况下，特别是各备选方案的预期收入相等时，可通过计算和比较不同方案的总成本来做出决策。当预期收入相等时，成本总额较小的方案即是最优方案。相关成本分析法的应用前提为业务量能够确定，如果无法确定，则不能应用相关成本分析法。

（四）成本无差别点分析法

成本无差别点分析法也称为临界成本分析法、成本平衡分析法。成本无差别点分析法是以成本高低作为决策的依据，在备选方案业务量事先不能确定的情况下，特别是各备选方案的预期收入相等时，可通过计算比较不同方案总成本相等时的业务量，也就是成本无差别点来选择预期成本较低的方案，这种决策分析方法称为成本无差别点分析法。成本无差别点的计算公式如下：

$$成本无差别点 = \frac{两个方案固定成本差额}{两个方案单位变动成本差额}$$

成本无差别点是指两个方案总成本相等时的业务量水平。如果预计未来的业务量在成本无差别点之下时，应选择固定成本较低的方案；如果预计未来的业务量在成本无差别点之上时，应选择固定成本较高的方案。

三、企业生产决策

（一）新产品开发的品种决策

新产品开发的品种决策是指企业在利用现有的生产能力或剩余生产能力开发新产品的过程中，在两个或两个以上可供选择的新产品中选择一个最优品种的决策，它属于互斥方案决策的类型。

第一，不追加专属成本的决策分析。由于利用单位资源边际贡献分析法与利用边际贡献总额分析法进行决策得到的结论相同，说明两种方法都是可行的和科学的，只是应用的前提条件不同而已，但不能用产品的单位边际贡献作为决策标准进行决策。

第二，追加专属成本的决策分析。当新产品开发的品种决策方案中涉及追加专属成本时，就无法继续使用单位资源边际贡献分析法或边际贡献总额分析法，可以用差量分析法进行决策。

第三，剩余生产能力利用的决策分析。一个可以生产多种产品的企业，当企业的外部环境以及企业的供应、生产能力和销售等方面都允许增加产量时，就存在着应增加何种产品以有效地利用剩余生产能力的决策问题。

（二）亏损产品决策

财务会计与管理会计在亏损产品问题决策中，分析问题着眼点不同。在财务会计的核算中，亏损产品如果继续生产只会给企业的财务成果带来负面效应。但从管理会计成本性态分析的角度来看，对于亏损产品，绝不能简单地予以停产，而是应该综合考虑企业各种产品的经营状况、生产能力的利用和有关因素的影响，从而做出停产、继续生产、转产或出租等选择，确定出最优方案。这是因为亏损产品虽然在财务成果上显示负面效应，但从成本性态方面分析，如果其仍然能够为企业创造边际贡献，并且边际贡献为正数，则继续生产该产品就能够补偿一部分固定成本；而停产不但不会减少亏损，反而会扩大亏损。不停产后是选择继续生产、转产还是出租，要根据各方案所提供的贡献大小来做进一步判断。因此，在分析亏损产品决策时，主要从是否停产以及是否转产两方面来进行。

1. 亏损产品是否停产

若停产亏损产品，其闲置下来的产能无法被用于其他方面，即生产能力无法转移，可以采用贡献毛益来进行决策，只要贡献毛益为正数，该产品就不应该停产，反之则应该停产。因为在生产能力无法转移的情况下，停产亏损产品只能减少其变动成本，并不减少其固定成本。如果继续生产亏损产品，其所提供的贡献毛益还可以补偿一部分固定成本；而停产亏损产品不但不会减少亏损，反而会扩大亏损。

2. 亏损产品是否转产或转作他用

生产亏损产品的生产能力转移是指由于停产而导致的闲置能力能够被用于生产经营其他方面，如生产其他产品、承担零星加工业务或是将闲置设备出租等。上述情况，企业可以考虑是否将亏损产品予以转产或转作他用。

分析方法及结论如下：

（1）若转作他用确实是利用亏损产品停产后剩余的生产能力而不占用其他产品的生产能力。

（2）转作他用所提供的边际贡献总额大于原亏损产品所提供的边际贡献总额。

符合以上两条，转作他用方案就是可行的，否则就不可行。

（三）特殊价格追加订货的决策

这里所说的特殊价格，是指低于企业产品正常售价甚至低于产品成本的价格。特殊价格追加订货的决策，是指企业在实施正常订货计划之外，还存在部分剩余生产能力，此时外单位临时提出以较低的特殊价格继续追加订货生产任务，企业需要做出是否接受追加订货任务的决策。

是否接受低价追加订货的决策属于"接受或拒绝"方案的决策类型，往往涉及"接受追加订货"和"拒绝追加订货"两种选择。在进行此问题的决策时，企业需要考虑两方面内容，即订单数量和订单收益。

第一，在订单数量方面，企业需要分析追加订货和现有剩余生产能力之间的数量关系，从而判定能否在绝对剩余产能范围内完成订单，或需要破坏正常订单任务量来追加订货，因为数量关系会影响订单成本。

第二，在订单收益方面，企业需要比较"接受或拒绝"这两种方案的差别损益，从而做出是否接受订货的决策。其中，拒绝方案的相关收入和相关成本均为零，因此只要判断接受方案的相关收益是否大于零，若大于零则选择接受，反之则选择拒绝。

具体内容可按照以下几种情况进行讨论：

1. 简单条件下是否接受低价追加订货

所谓简单条件，就是假定以下三个条件同时具备的情况：第一，追加订货量小于或等于企业的绝对剩余生产能力（后者为企业最大生产能力与正常订货量之差），这样，企业只要利用其绝对剩余生产能力就能够完成追加订货的数量要求，而不对正常任务的完成造成冲击。第二，企业的绝对剩余生产能力无法转移。第三，要求追加订货的企业没有提出任何特殊的要求，不需要追加投入专属成本。在此种情况下，接受追加订货方案的相关成本只有增量成本一项内容。

显然，在简单条件下，只要追加订货方案的相关收入大于其相关成本，即该方案的相关收益大于零，就可做出接受追加订货的决策。另外，也可以通过判断追加订货的单价是否大于该产品的单位变动生产成本，做出相应的决策，这种直接根据上述条件进行决策的方法又称简单法。

2. 复杂条件下是否追加订货

（1）追加订货必须追加投入专属成本。

订货的企业有特殊要求，要完成追加订货必须追加投入一定的专属成本。与正常任务相比，如果追加订货在加工工艺或交货期方面有特殊要求，必须追加专属成本才能完成时，则应当将其纳入"接受追加订货"方案的相关成本之中。

（2）追加订货冲击正常产销量。

如果追加订货量大于企业的绝对剩余生产能力，企业就无法利用剩余生产能力来完成追加订货的订单，而必须通过挪用正常订货量来完成特殊订单的数量要求。因此，企业为了完成特殊订单，会冲击正常的产销量，从而影响正常收入而导致机会成本发生。

当特殊订货量超过绝对剩余产能时，接受特殊订货的增量成本其相关业务量为剩余产能。这是因为只有剩余产能所产生的变动成本才是相关成本，而超额业务量变动成本并不属于决策的相关成本，无论是为了满足特殊订单的要求还是在正常订单中，这部分超额业务量的变动成本都会发生，并不会因为决策的发生而增加或减少，因此为无关成本。

同时，超额业务量因为没有按照预期正常价格进行销售，因此对于企业来说是一种潜在的损失，应当作为接受订单的机会成本，其数额为超额业务量与其正常价格的乘积。

此外，因为被冲击的正常任务无法正常履行合同，还需要交纳一定的违约赔偿金，那么这部分赔偿金属于"接受追加订货"方案而新增的相关成本，应当作为专属成本。

（3）绝对剩余产能可以转移。

若企业的绝对剩余产能可以转移，意味着企业可以从被转移的生产能力中获取其他收益。在这种情况下如果接受追加订货，势必会放弃此部分收益，从而导致机会成本的发生。

（四）半成品是否进一步加工的决策

企业如果有剩余生产能力，常可以根据社会需求对某些现有产品做进一步加工，使它更加完善之后再进行出售，如纺织厂可以将产品"坯布"的一部分或全部进一步加工为"色布"或"花布"出售。产品进一步加工后，一般可按较高的价格出售从而增加收入，同时，也必然需要增加相应的加工费用，其中包括变动成本和固定成本，有时还会发生机会成本。因此，对一种产品究竟是否进行进一步加工，除应该着重考虑是否符合社会需求这一根本问题外，还需采用差异分析法，计算分析加工后增加的收入与由于加工所增加的成本，只有当增加的收入大于所增加的成本即增加收益大于零时，才可以做出进一步加工的决定。在做出此类问题的决策分析时应特别注意，产品在未进一步进行加工之前原可获得的收入和原需发生的成本都是与产品进一步加工不相关的，因此都不必也不应加以考虑。

（五）联产品是否进一步加工的决策

在工业企业生产中，特别在某些石油化工企业生产中，经常会出现在同一生产过程中同时生产出若干种经济价值较大的联产品。这些联产品有的可以在分离后立即出售，也可以在分离后经过继续加工再进行出售。对于这类决策问题，可以采用差量分析法。但应注意的是联产品在进行进一步加工前所发生的成本，无论是变动成本还是固定成本，在决策分析中均属于无关成本，不必加以考虑。问题的关键在于分析研究联产品在加工后所增加的收入是否超过在进一步加工过程中所追加的成本（即"可分成本"）。如果前者大于后者，则以进一步加工联产品的方案较优；反之，若前者小于后者，则以不加工联产品的方案较优。

（六）零部件自制还是外购的决策

企业所需要的某些零部件常常是既可自行制造，又可外购。无论是自制，还是外购，其预期收入是一样的，因此，属于如何生产的决策类型。在此类决策中，自制方案的相关成本应包括零部件生产的变动成本和专为自制而引起的专属固定成本，如果因自制占用生产能力而必须压缩其他产品的产销量，则因此而放弃的原可获得的此部分收益，应构成自制方案的相关机会成本；而外购方案中零部件的买价、运杂费等都属外购方案的相关成本，但由自制转为外购后其原有生产设备可转产其他产品或出租可获得净收益额，则应为外购成本的抵消因素。

（七）选择不同工艺进行加工的决策

选择不同生产工艺技术方案的决策，是指企业在组织生产过程中，围绕不同的生产工艺技术方案所做的决策。它属于"互斥方案"的决策类型。各备选方案通常只涉及相关成本，而不涉及相关收入。采用先进的生产工艺技术，由于劳动生产率高，劳动强度低，原材料消耗相对少，并且产品质量高，可能会导致较低的单位变动成本，但往往采用较先进的设备装置，导致固定成本高。而采用普通的或落后的生产工艺技术，情况会相反。因设备比较简陋，虽然固定成本较低，但单位变动成本可能较高。由于单位产品中的固定成本是与产量呈反比，因此，当产量较大时，采用先进工艺技术较为有利；相反，若产量较小，则采用较为落后的工艺技术较为经济。由此可见，不同工艺方案的选择，必须同产品加工批量的大小联系起来分析研究，即采用成本无差别点法进行决策。另外，在决策过程中，除了考虑各个备选方案不同的单位变动成本和不同的固定成本外，还应充分考虑市场情况和加工的业务量水平，因地制宜地选择合适的生产工艺技术方案。

四、产品定价决策

（一）影响产品定价的因素

产品价格是影响企业经营成果的重要因素，产品价格制定得适当与否将会直接关系到产品的市场竞争地位和市场占有率。然而定价并非完全是销售部门的工作，更是管理会计工作之一。如果产品价格制定得过低，企业产品销售收入减少，利润下降；而产品价格制定过高，可能会使企业的销售量下降，收入减少，利润也随之降低。因此，企业在制定产品价格时一定要考虑所有影响产品价格的因素，尽量使产品价格处于合理的水平，实现企业利润最大化。一般来说，影响产品价格制定的因素主要包括成本因素、市场供需关系、竞争因素、商品的市场生命周期因素等。

第一，成本因素。成本是产品定价的基础。从长期来看，产品价格应等于总成本加合理的利润，否则企业将无利可图；从短期来看，产品价格应高于平均变动成本，以便掌握盈亏情况，减少经营风险。

第二，市场供需关系。市场供需关系是影响产品定价的另一个重要的因素。一般而言，当供给小于需求时，需求旺盛会促使价格上升；当供给大于需求时，需求低迷迫使价格下降。

第三，竞争因素。产品竞争的激烈程度会影响到产品价格的制定，竞争越激烈，对价格的影响越大。由于竞争影响定价，因此企业在制定产品价格时必须充分了解竞争者的状况，以确定合理的产品价格。

第四，商品的市场生命周期因素。如果将商品拟人化，其市场生命周期包括四个阶段，即投入期、成长期、成熟期和衰退期。在不同的生命周期内定价策略应有所不同。投入期既要补偿高成本，又要被市场所接受，成长期和成熟期应扩大产品销售，扩大市场份额，要求稳定价格以开拓市场；衰退期一般应采取降价措施。

（二）产品定价的方法

1. 市场需求导向定价法

市场需求导向定价法是指以消费者对某种产品价格的接受程度为基本依据来确定产品的价格的一种定价方法。这种方法优先考虑的是消费者对价格的接受程度，要求企业的管理者必须研究怎样的价格才能使企业取得最大的利润和销售收入。市场需求导向定价法主要包括边际分析法、微分极值法等。

（1）边际分析法。边际分析法是企业在管理决策时，不是根据全部成本投入来衡量一定的产出或收益，而是将增量要素投入带来的收益即边际收益，与增量要素投入产生的成本即边际成本进行比较，由此来判断一项决策的利弊得失的方法。如果组织的目标是取得最大利润，那么当追加的收入和追加的支出相等时，这一目标就能达到。

（2）微分极值法。微分极值法也称为公式法，可直接对收入与成本函数求导，计算结果比较准确。但是其缺点在于售价与销售量的函数关系以及总成本函数关系不容易确定，另外，只有可微函数才能求导数，对于非连续函数则无法用公式，只能借助列表法才能求得最优售价。

2. 成本加成定价法

对标准产品制定正常的、长期性的价格，最常用的方法是成本加成定价法。它首先是以按完全成本法或变动成本法计算出来的单位产品成本为基础，然后在这个基础上加上预定的百分率或目标利润值，作为该产品目标售价的定价方法。成本加成定价法实质上是一种成本导向的定价策略。成本加成定价法的理论基础是对产品规定的售价除补偿"全部成本"外,还应为投资者提供合理的报酬。这里的"全部成本",从管理会计角度来说,既包括变动成本,又包括固定成本,即任何成本都是定价决策的相关成本。

由于按全部成本法或变动成本法计算的单位产品成本的内涵各不相同,因而加成的内容也有所差异。在不同的条件和环境下,企业以哪种成本为依据进行计价的方式也有所差异。下面将就完全成本加成和变动成本加成对成本加成定价法进行详细讲解。

(1) 完全成本加成定价法。

完全成本加成定价法是指在单位产品完全成本基础上,将全部销售管理费用与预期利润一起作为加成因素,确定成本加成率,制定目标价格的方法。这种方法的成本基数是产品的全部生产成本,包括固定生产成本和变动生产成本。

单位售价=单位产品完全成本+加成额=单位产品完全成本×(1+成本加成率)

成本加成率=(预计期间费用总额+预期利润总额)÷预计产品成本总额

尽管有关的销售及行政管理费用等非生产成本不包含在"成本基数"里,但它却是考虑"加成"的基础。因此,这种定价方法能够补偿经营过程中发生的这些成本,并可给企业带来一定的利润。

完全成本加成定价法简单易行,符合传统财务会计的理念,而且可以使企业的全部成本得到补偿,并为企业提供一定的利润。但是这种方法人为地将固定成本分配于不同的产品,使制定目标价格基础的产品成本可能变得不准确,因此目标价格的准确性也会受到不同程度的影响。

(2) 变动成本加成定价法。

变动成本加成定价法是指在产品的变动成本的基础上加上一定比例的边际贡献,以此二者之和作为产品的销售价格的一种定价方法。在这种方法下,只要产品的单位销售价格大于单位变动成本,就能创造边际贡献。如果边际贡献大于单位产品的固定成本,说明边际贡献除了弥补了固定成本外,还为企业创造了利润;如果单位产品边际贡献小于单位产品固定成本,则产品不能给企业创造利润,但还是弥补了部分固定成本。

其计算公式为:

$$单位售价=单位变动成本+单位边际贡献=\frac{单位变动成本}{1-边际贡献率}$$

边际贡献率=(预计固定成本总额+预期利润总额)÷预计产品成本总额

(3) 成本加成率的确定。

通常应以企业的目标利润为依据,再结合产品成本的不同计算方法进行估算。其计算公式如下：

若采用完全成本加成定价法计算产品成本，则：

成本加成率＝（预计期间费用总额＋预期利润总额）÷预计产品成本总额

若采用变动成本加成定价法计算产品成本，则：

成本加成率＝（预计固定成本总额＋预期利润总额）÷预计产品变动成本总额

其中，预期利润总额＝投资总额×预期的投资报酬率。

在完全成本加成定价法下，预计产品成本总额＝全部制造成本＝直接材料＋直接人工＋制造费用。

在变动成本加成定价法下，预计产品变动成本总额＝全部变动成本＝直接材料＋直接人工＋变动制造费用＋变动销售及管理费用。

成本加成定价法由于简单且易操作，所以是企业较为常用的定价方法，但是其主要缺点在于没有考虑价格与销售量的关系。既可能出现定价低而导致供不应求，也可能出现定价偏高导致供过于求，市场反应低迷，而完不成目标销售量。因此，为了使成本加成定价法能切合实际，一般可采取以下两项补救措施：第一，用公式计算出来的目标售价绝不能一成不变，需根据市场竞争形势，由企业管理当局做出上下浮动的决定。第二，每个企业不应对其全部产品采用同一种加成百分率，而需根据市场上对各种产品需求的不同情况、各地区的习惯、同行业的惯例，分别制定不同产品的加成百分率。

3. 特殊定价法

（1）边际贡献定价法。

企业产品实际售价具有一定的范围限制，即最低价格不能低于单位变动成本，最高价格即为目标售价（目标售价＝变动成本＋固定成本＋预期利润）。虽然从长远来看，企业应以目标售价作为追求目标，但是面对不断变化的内外部环境以及激烈的市场竞争，企业管理当局往往需要将售价在弹性范围内予以调整，即以不低于基础价格作为基本定价原则，至于高于最低售价多少，则需要视具体情况而定。

根据上述分析：

单位变动成本≤单价≤变动成本＋固定成本＋预期利润

或 0≤单位边际贡献≤固定成本＋预期利润

（2）保本基础定价法。

保本基础定价法是根据保本分析的原理建立的一种以保本为目的的定价方法。这种方法是企业为了扩大或维护企业的市场占有率而把产品价格定在保本或者微利的水平；或者是企业为了方便在参加国内外订货会、贸易洽谈会或投标活动时能迅速报价而提供的一系列在不同销售量（x）情况下的产品"保本价格"。其公式如下：

$$保本价格 = 单位变动成本 + （固定成本/预计销售量）$$

在激烈的竞争形势下，有些企业生产经营的个别产品其价格在一定条件下可能规定得比较低，只有微利甚至仅能保本，如为了扩大或维护企业的市场占有率，企业可按保本价格组织销售，只要价格略大于或等于保本价格，企业就不会吃亏。

此法除了适用于竞争产品保守价格的制定外，还可以应用于计算确定那些需要追加专属成本的特殊订货的最低可行价格，但必须以相关的绝对剩余生产能力无法转移为前提。

（3）保利基础定价法。

保利基础定价法就是利用本—量—利分析原理中介绍过的实现目标利润的价格计算公式进行定价的方法。其公式是：

$$保利价格 = 单位变动成本 + \frac{固定成本 + 目标利润}{预计销售量}$$

保利基础定价法的目标是为了企业能够获得较为稳定的利润水平，当企业成本、销售量等因素发生变化时，唯一确定不变的就是目标利润。这种定价策略较适用于较为成熟的企业产品，而对于初期进入市场的企业或市场竞争激烈情况下，若想保利则较难，此定价方法并不适用。

（三）定价的不同策略

1. 新产品定价策略

新产品定价在企业经营管理中占有十分重要的地位。科学合理的定价决定着新产品是否能在市场上站稳脚跟以及是否会为企业带来竞争力。新产品定价常有以下两种策略：

（1）撇脂定价策略。撇脂定价策略是将产品价格定得较高，从而尽可能地在产品销售初期获得较大的利润，随着产品销路的扩大再逐步降价。撇脂定价的名称来自牛奶中撇取奶油，含有提取精华之意，这是一种短期的定价策略。这种方法可能会迅速引来竞争，也会对及时打开销路产生影响，因此常用于没有竞争而且容易开辟市场的产品。

（2）渗透定价策略。渗透定价策略与撇脂定价策略相反，它是以略高于成本的较低价格投放市场，等在市场中形成了一定影响之后，再逐步提价。这是一种长远的定价策略。该策略有利于迅速打开市场，能有效地排斥竞争者的加入，从长远来看，仍可获得可观的利润。

2. 心理定价策略

心理定价策略是利用消费者的不同消费心理，以促进销售。其主要形式如下：

（1）去整取余法，又称尾数定价法或取九舍十法，多用于中档商品的定价，这种价格又称诱人价格，即宁可定价9.9元也不定价10元，以促使消费者产生只卖9元多的心理印象，进行促进产品的销售。

（2）整数定价法，对高档商品若按整数价出售，可提高商品的身价，刺激消费者的购买欲望。

（3）对比定价法，对于亟待出售需降价处理的商品，可将削价前后价格同时列出，促使顾客通过对比积极购买。

3. 折扣与分期付款定价策略

（1）折扣定价策略。一般用于扩大老产品的销售的定价上，主要有以下几种：一是现金折扣。对按约定日期付款的顾客给予一定的折扣，目的在于鼓励顾客及时偿付欠款，以加速企业资金周转。二是数量折扣。根据顾客购买数量的多少，分别给予大小不同的折扣，购买数量越多，给予的折扣越大，从而鼓励顾客大量购买。三是交易折扣。根据各类中间商在市场销售中所承担的功能不同，给予不同的折扣，如给予批发商折扣较大，给予零件商折扣较小。四是季节性折扣。生产季节性产品的企业，对在非旺季的采购者给予折扣优待，鼓励中间商提早储存商品，以减少季节性对生产的影响。

（2）分期付款定价策略。对于价格较高的耐用消费品采用分期付款方式，可以增强吸引力，招揽顾客。

4. 弹性定价策略

弹性定价策略是指根据价格弹性确定价格调整方向的原则或技巧。

价格弹性的大小，说明了商品价格与需求之间反方向变动水平的大小。就某一种产品的不同时期及不同销售量基础而言，弹性可能有大有小；即使在同一场合下的不同商品，仍会出现弹性有大有小的情况。弹性大，则价格下降，会促使需求大大提高，因此，对弹性大的商品应采取调低价格的方法，薄利多销；弹性小的商品，当价格变动时，需求量的相应增减幅度很小，对这类产品不仅不应调低价格，相反，在条件允许的范围内应适当调高价格。

5. 其他定价策略

除以上几种定价策略外，还有组合定价策略、差别定价、地区定价等众多定价策略，定价时要综合研究，决定将哪些因素包括在基本价格之内，做好宣传工作，开拓市场。

除此之外，国家的价格政策、产品的质量、企业的定位、消费者的支付能力与心理状态，也是影响价格的重要因素。

五、企业存货决策

（一）存货决策意义与要求

存货是企业所拥有的产品（商品）、在产品（半成品）和原材料，它是从事生产经营的必备条件，是保证供应、生产和销售活动顺利进行的物质基础，认真做好存货决策工作，对加强企业管理、提高经济效益具有重要意义。对于工业生产企业而言，存货决策的意义主要是保证生产经营活动对存货的正常需要，这就要求企业管理者要权衡利弊，做出正确决策，力求达到既不因存货过多而造成资金积压，又不因存货过少而出现缺货、停产的双重目的。

存货决策的基本要求首先是存货决策既要确定存货的订购次数，又要确定存货的订购数量。其次是存货决策既要使存货数量满足生产经营的正常需要，又要使存货成本处于现有条件下的最低水平。因此，存货管理的主要任务就是用最低的存货成本实现对企业生产经营活动所需物资的正常供应。

（二）存货相关成本的构成

存货相关成本是指企业为取得、保管存货及存货不足而直接引发的各项成本。按其形成原因不同，可分为订货成本、购货成本、储存成本和缺货成本四部分。

1. 订货成本

订货成本是指为订购存货而发生的成本，又称采购成本、订购成本。按其与订货次数的依存关系不同可分为变动订货成本和固定订货成本两类：变动订货成本是一定时期内其发生总额随订货次数增加而呈正比例增加的成本，如采购人员的差旅费、为选择供应单位以及签订合同而发生的有关业务费、邮电费、手续费及公证费等；固定订货成本是一定时期内其成本发生额不随订货次数变化而保持不变的成本，如常设的采购机构办公费、采购人员的月固定工资等。

2. 购货成本

购货成本是指购买存货所发生的成本。其主要指货款和采购费用。购货成本总额是采购单价与数量的乘积，但采购单价一般不随采购数量的变动而变动。因此，在大批量购买没有优惠折扣的情况下，采购成本对于经济订货量来讲是无关成本。除非供应商规定，如大批量购买可享受优惠折扣，则采购成本就成为决策分析的相关成本。

3. 储存成本

储存成本是指为储存存货发生的成本。其主要包括存货所占资金的利息、保险费，存货在被保管期间为检查、盘点、调整货位等所需而产生的有关费用。储存成本也分为变动成本和固定成本两类：固定成本与存货量的多少无关，如仓库的折旧费、仓库保管人员的月固定工资等；变动成本与存货数量的大小呈正比例相关，此类成本属于变动储存成本，如存货所占资金的利息、存货保险费等。

4. 缺货成本

缺货成本是指由于存货数量不能及时满足生产或销售的需要而给企业带来的损失。其主要包括由于原材料等物资的储备不足，造成停工待料而发生的损失；由于产品存货不足，不得不放弃部分销售机会而遭受的损失；由于交货误期、经常脱销而降低企业信誉所引起的严重损失等。在良好的企业管理条件下，不应发生缺货成本。

综上所述，存货相关成本应为：

存货相关成本＝订货成本＋购货成本＋储存成本＋缺货成本

存货决策分析的目的就是使与存货有关的上述四项成本的总和达到最低。

第三节　长期投资决策

在市场与经济快速发展的大背景下，各个企业之间竞争激烈，想要在市场中稳住脚步，必须要进行多向投资，企业的长期投资是一种非常普遍的经济投资行为，是一把双刃剑，风险与收益共存。"企业利用闲散的资金进行投资，这不但可以促进社会生产的发展进步，还可以改善长期资本的流动，对于产品结构具有调整的作用，提高其经济收益，使企业自我健全与完善。"[①] 而如何进行正确的投资决策就成为关键性问题，进行科学的投资，需要企业务必掌握所处市场的全面信息，看清发展的前景以及从是否符合市场规律等角度进行分析，提高决策的准确性以及科学性，做出最优选择，为企业创造更好的条件，以此来提升企业的收益。

一、长期投资决策概述

长期投资是指投入资金量大，获取报酬的持续时间长，能在较长时间内影响企业经营获

---

① 刘佳鑫. 企业长期投资决策与探析 [J]. 全国流通经济，2019 (31)：84~85.

利能力的投资。与长期投资项目有关的决策，称为长期投资决策。广义的长期投资包括固定资产投资、无形资产投资和长期证券投资等内容。由于固定资产投资一般在长期投资中所占的比例较大，所以狭义的长期投资特指固定资产投资，本书主要介绍狭义的长期投资决策。

（一）长期投资决策的主要特征

第一，投资金额大。长期投资，特别是战略性扩大生产能力的投资金额一般都较大，往往是企业多年的资金积累。长期投资在企业总资产中占到很大比重。因此，长期投资对企业未来的财务状况和现金流量有相当大的影响。

第二，影响时间长。长期投资的投资期和发挥作用的时间都较长，长期投资项目建成后对企业的经济效益会产生长久的效应，并可能对企业的前途有决定性的影响。

第三，变现能力差。长期投资项目的使用期长，而且一般不会在短期内变现，即使由于种种原因想在短期内变现，其变现能力也较差。长期投资项目一旦建成，想要改变是很困难的，虽然不是完全无法实现，但是都会付出巨大代价。

第四，投资风险大。长期投资项目的建设和使用期长，面临的不确定因素很多，如原材料供应情况、市场供求关系、技术进步速度、行业竞争程度、通货膨胀水平等都会影响投资的效果，所以长期投资面临较高的投资风险。

长期投资不仅需要投入较多的资金，而且对企业经营的影响时间长，投入的资金和投资所得收益都要经历较长的时间才能回收。在进行长期投资决策时，一方面要对各方案的现金流入量和现金流出量进行预测，正确估算出每年的现金净流量；另一方面要考虑资金的时间价值，还要计算出为取得长期投资所需付出的资金，即资金成本。因此，现金净流量、资金时间价值和资金成本是影响长期投资决策的重要因素。

（二）长期投资的类别划分

1. 按照长期投资的对象分类

按其投资对象的不同可分为项目投资、证券投资和其他投资三种类型。

项目投资是一种以特定项目为对象，直接与固定资产的购建项目或更新改造项目有关的投资行为；换言之，它是以形成或改善企业生产能力为最终目的的，至少涉及一个固定资产项目的投资。

证券投资是企业通过让渡资金的使用权而取得某种有价证券，以收取信息、使用费或股利等形式取得收益而使资金增值或获得对特定资源、市场及其他企业控制权为目的的一种投资行为，它包括债券投资、股票投资和其他金融衍生品投资。

其他投资是指除项目投资和证券投资以外的投资，如联营投资等。

按其对象分类是企业投资最基本的分类。

2. 按照长期投资的动机分类

按其动机可分为诱导式投资和主动式投资两种类型。诱导式投资是指由于投资环境条件的改变、科技的进步、政治条件形式的变革，而从生产本身激发出来的投资；主动式投资则是指完全由企业家本人主观决定的投资，该投资受到投资者个人的偏好、对风险的态度及其灵活性的影响。

3. 按照长期投资的影响的范围分类

按其影响的范围可分为战术型投资与战略型投资两种类型。战术型投资一般是指不会改变企业经营方向，只限于局部条件的改善且影响范围较小的投资；战略型投资通常是指能够改变企业经营方向，对企业全局产生重大影响的投资。

4. 按照长期投资与再生产类型的联系分类

按其与再生产类型的联系可分为合理型投资和发展型投资两种类型。合理型投资是指与简单再生产相联系，为维持原有产品的生产经营而必须进行的投资，如设备的日常维修和一般更新等；发展型投资是指为扩大再生产所需进行的投资，如新增固定资产、扩建厂房、建造设备等。

5. 按照长期投资的直接目标的层次分类

按其直接目标的层次可分为单一目标投资和复合目标投资两种类型。单一目标投资包括单纯以增加收入为目标的投资和以节约开支为目标的投资两种类型；复合目标投资的奋斗目标不唯一，按照多个目标之间的关系不同又分为主次目标分明型的投资和多目标并列型的投资。

（三）长期投资决策的意义体现

企业的各级决策者经常要面临与资本投资相关的重大决策。在面临投资决策时，必须在不同方案之间做出某些选择。

长期投资决策是指决策者根据国民经济及社会发展规划和国家的经济建设方针、政策，考虑项目有关的各种信息，按照国家规定的建设程序，采用科学分析的方法，对投资项目进行技术经济分析和综合评价，选择项目建设的最优方案的过程。投资决策是项目建设前期工作所要解决的重要问题，又是项目建设前期工作的重要成果，因此，每项投资建设都必须做好投资决策。

投资项目自身的建设是一个宏大的系统工程，其特点是规模庞大，结构复杂，投入的人、财、物多，具有广博性、多结构性、长期性和综合性，因而导致投资决策活动参变量多、决策过程复杂、决策后果影响重大。不仅如此，由于每一个建设项目的目标和建设条件都不相同，每一个投资项目决策都是单一的、不重复的决策，所以投资决策在管理决策分类中属于非程序化决策。而非程序化决策要求项目内部条件与外部环境保持动态平衡，这又大大增加了投资决策的难度。因此，投资决策不是简单地对项目建设方案做出一种选择和判断，而必须拥有自己完整的理论基础和方法体系，并建立一套严格的决策制度和决策程序，从而对项目建设问题做出科学的分析和判断。

投资决策正确与否对项目建设的成败和经济效益起着决定性作用，并直接关系到企业未来的发展方向、发展速度和获利的可能性。同时，投资决策的意义不仅仅在于一个项目本身的得失，它还对整个国家（部门、地区）的经济建设产生较大影响。特别是重大项目决策的正确与否，对整个基本建设，乃至国民经济的影响很大。

投资决策需进行经济、技术和财务等方面的可行性分析，本书主要分析财务的可行性。

二、影响长期投资决策的因素

长期投资决策与短期经营决策的基本原则相同，都是选择成本最小而收益最大的方案，但在长期投资决策的成本、收益的计算不是仅涉及一年而是涉及很多年，因而长期投资决策涉及的问题更复杂，考虑的因素更多，具体主要考虑两个因素：资金时间价值、现金流量。

（一）资金时间价值

资金时间价值是投资决策必须考虑的客观经济范畴，其所揭示的是在一定时空条件下，运动中的货币具有增值性的规律。也就是说，资金时间价值是指作为资本的资金在使用过程中随时间的推移而带来的增值部分。

资金时间价值揭示了一定量资金在不同时点上具有不同的价值量。一笔资金如果用储存手段保存起来，在不存在通货膨胀因素的条件下，经过一段时间后，作为同名资金，其价值不会有什么改变。如果考虑通货膨胀因素，其价值还会贬值。但同样一笔资金如果作为社会再生产过程中的资本来运用，经过一段时间后，就会带来利润，从而使其增值。例如，你是愿意现在收到100元还是愿意一年后收到100元，显然绝大多数人都愿意现在收到100元，这是因为：第一，如果现在收到钱，现在就可以用来购买商品而无须等到一年后。第二，如果现在收到钱，没有合适的商品需要购买，那么可以利用现在收到的100元以一定的利率，如10%的利率进行投资，则一年后可以得到110元。用专业的语言来描述这种现象即资金具有时间价值，这种由于投资而放弃现在使用资金的机会所得到的按放弃时间长短计算的报酬，其实质就是资金周转利用后会产生增值。一定量资金周转利用的时间越长，其产生的增值额也越大。

放弃现在使用一定量资金的机会，而按一定量的资金、一定的利率和放弃时间长短计算的报酬就是资金时间价值。由于长期投资的投资额大，投资收益回收时间长，因此，为了正确评价长期投资各备选方案，必须考虑资金时间价值。货币资本在时间上的增值性可以看作其自身的一种固有属性。

在利润平均化规律的作用影响下，资金时间价值的一般表现形式就是在没有风险与通货膨胀条件下社会平均的资金利润率。由于资金时间价值的计算方法与利息的计算方法相同，因此很容易将资金时间价值与利息率相混淆。实际上，投资活动或多或少存在风险，市场经济条件下通货膨胀也是客观存在的。利息率既包含时间价值，也包含风险价值和通货膨胀的因素。只有在通货膨胀率很低的情况下，方可将几乎没有风险的短期政府债券的利息率视同资金时间价值。

由于资金具有时间价值，在进行长期投资决策时，不能直接比较发生在不同时点的现金流量，需要将这些不同时点的现金流量转换到同一时点。这就是资金时间价值需要考虑的核心问题。

（二）现金流量

1. 现金流量的概念理解

在长期投资决策中，现金流量是指投资项目在其有效期内发生的各项现金流入与现金流出的统称。现金流量以收付实现制为基础，以反映广义现金运动为内容，是计算长期投资决策主要经济评价指标的基础。

长期投资决策是对一个投资项目的各种方案的投资支出和投资后的收入进行对比分析，以选择投资效果最佳的方案。以现金的实际流入和流出作为计算投资效益的基础、主要有以下几个优点：第一，减少了决策风险。现金收入是实在的，而未收到现金的收益，往往具有较大的风险。特别是当投资支出及回收过程历时较长时，若不是以实际的现金流入作为收入，则容易过高地估计项目的投资收益。第二，避免了人为因素的影响。在权责发生制下，企业利润的计算在很大程度上受管理人员的主观决定的影响，如折旧计算方法、存货计价方法选择等，都会影响收益的计算。因此，以利润来评价投资效益会影响评价结果的准确性,而现金流量是以现金的实际收支为计算基础的,这样就使投资效益的计算有一个客观的基础。第三,使决策时考虑资金时间价值成为可能。只有以现金的实际流入和流出作为计算投资效益的基础,才能正确地计算不同时点的货币所具有的价值,从而做出正确的投资决策。

企业能真正用来再投资的是现金,而不是账面上记载的利润;相对于利润而言,现金流量有很多不同。

(1) 各个时期的现金流量与利润在数额上并不相同。

利润是按照权责发生制原则计算出来的。计算利润所使用的收入并不等于实际的现金收入数额(这与会计上收入确认的标准有关),计算利润所使用的成本并不等于确实的现金支出数额。因为成本计量时发生的费用分摊、折旧计提等并不需要支出现金,因此,以账面上"虚"计的利润作为未来投资的保证是很不现实的。

(2) 现金流量与具体的时点相联系,可以据此计算资金时间价值,而利润则不然。

科学的投资决策需要考虑资金时间价值,为此,需要确认投资项目在有效期内各项收入和支出发生的时间,唯有不同时期的现金流量才与各自的收付时点相联系。而利润由于是按权责发生制计算的,计算各个时期的利润时并不考虑是否实际收到或付出现金。例如,购置固定资产时付出的大量现金不计入成本,因而不影响利润;将固定资产价值以折旧的形式逐期记入成本时影响利润,但并不需要付出现金;计算利润时也不考虑垫支流动资金的数量和时间;在确认销售收入实现时,并不一定能于当期全部收到现金,而是有一部分形成应收账款;投资项目寿命终了时,以现金形式回收的固定资产残值和垫付的流动资金,在利润计算中并未反映。上述各种现金收入和支出额都是投资项目主要的现金流量,它们在计算利润时却未能得到很好的反映。可见,在投资决策分析中只有用现金流量(而不是利润)才能很好地考虑资金时间价值,借以正确地评价投资项目的优劣。

(3) 现金流量具有客观性、可比性,利润指标透明度较差。

在计算利润和贯彻权责发生制时,必然会遇到各种各样的存货计价、成本分摊、折旧计提、费用摊配等方法。显然,不同的决策者会选用不同的方法,不同的会计处理方法会导致不同的利润。因此,利润指标具有相关性差、透明度不高的缺陷。而现金流量的取得是和投资项目的进行并驾齐驱的,采用现金流量评估投资项目,可以回避利润的缺陷,使不同的投资项目具有可比性。

2. 现金流量的具体内容

一个投资项目的现金流量,包括现金流入量和现金流出量。导致现金流入量增加的有资本、负债的增加及非现金资产的减少,导致现金流出量增加的有资本、负债的减少和非现金资产的增加。现金流入用 CI_t 表示，现金流出用 CO_t 表示，t 表示第 t 年。现金流量主要包括以下几方面：

(1) 初始现金流量。

初始现金流量是指在项目建设期发生的现金流量，此期间的现金流量是由投资活动产生的，多为现金流出量。

第一，建设投资（含更新改造投资），指建设期内按一定生产经营规模和建设内容进行的固定资产、无形资产和开办费等项投资的总和。其具体包括以下几种：①固定资产投资包括房屋、建筑物的造价，设备的买价，或建造成本、关税、运输费和安装成本等。②无形资产投资是指用于取得专利权、专有技术、商标权等无形资产而产生的投资。③开办费投资是指在项目筹建期间所发生的，但不能划归固定资产和无形资产的那部分投资。

建设投资是建设期间发生的主要现金流出量。其中，固定资产投资可能与计算折旧的固定资产投资原值之间存在差异，原因在于固定资产原值可能包括建设期内资本化了的借款利息。两者的关系如下：

$$固定资产原值 = 固定资产投资 + 建设期资本化借款利息$$

值得注意的是，对企业而言既可以现金进行投资，也可以实物或无形资产进行投资。当用非现金资产进行投资时，应以其重置成本而不是历史成本确认其投资额。

第二，垫支流动资金指项目投产前后分次或一次投放于流动资产项目的投资额。这种投资既可以发生在建设期内，又可能发生在经营期内，而不像建设投资大多集中在建设期发生。对于更新改造项目而言，一般不涉及追加投入流动资产，其原始投资额仅包括建设投资。

建设投资与垫支流动资金之和称为项目的原始总投资。原始总投资无论是一次投入还是分次投入，均假设它们是在建设期内投入的，经营期间不再有新的投资发生，各年垫支流动资产投资额的合计应等于在终结点一次回收的流动资产，流动资金投资均发生于建设期末，经营期不发生流动资金追加投入或提前收回的情况。

第三，投资的机会成本是指由于某些原有固定资产（如土地）用于此项投资而不能出售或作他用，因而失去的收入。此类投资虽未付出现金，但减少了现金收入，故决策分析时视同现金付出。

第四，原有固定资产的变价收入。在固定资产更新改造投资中旧固定资产转入清理，就会产生此项收入。这是建设期中唯一的现金流入项目。

(2) 营业现金流量。

营业现金流量是指项目投产以后，在整个运营期内，由于正常生产经营而带来的现金流量。此类现金流量应按年计算，其具体包括以下几方面：

第一，营业收入。营业收入指项目投产后每年实现的全部销售收入或业务收入。在按总价法核算现金折扣和销售折扣时，营业收入指不包括折扣与折让的净额。一般纳税人企业在确定营业收入时，应按不含增值税的净价计算。此外，作为经营期现金流入项目，应当按当期现销收入与回收以前年度应收账款的合计数确认。但为简化计算，可假定正常经营年度内每期发生的赊销额与回收的应收账款大体相等，所以营业收入额就是全部现金流入。它是构成经营期内现金流入量的主要内容。

第二，经营成本。经营成本又可称为付现成本或付现营运成本。它是生产经营期间最主要的现金流出量项目，是指项目投产后在生产经营过程中发生的各项用现金支付的成本费用。它与融资方案无关，不考虑财务费用。

某年经营成本＝该年的外购原材料、燃料和动力＋该年的工资福利＋该年的修理费＋该年的其他费用

或：某年经营成本＝该年的总成本费用（不含财务费用）−该年折旧额−无形资产、开办费摊销额

因为折旧额、摊销额等并非各年的现金流出内容，这些项目大多与固定资产、无形资产和开办费用等长期资产的价值转移有关，不需要动用现实的货币资金支出。也可以简单理解为，变动成本基本都是付现成本，固定成本除掉折旧与各项摊销以后也都是付现成本。

经营成本的节约相当于现金流入，但为了统一现金流量的计算口径，仍然以负值作为现金流出项目。

第三，各项税款。各项税款指项目投产后依法缴纳的单独列示的各项税款，包括各项营业税金及附加和企业所得税等。一般纳税人在价外费用核算的增值税不包括在此项目中。

需要注意的是，如果投资主体是企业，应把企业所得税列入现金流出量项目；如果在投资主体是国家等情况下，就可以不把企业所得税列入现金流出量项目。

第四，其他现金流出。其他现金流出指不包括在以上内容中的现金流出项目，如营业外净支出等。

（3）终结点现金流量。

终结点现金流量指项目运营期末，计算期最后一年的现金流量。这一年由于在终结点之前项目仍在运行，其现金流量与运营期基本相同，唯独多了在终结点设备报废时回收的固定资产残值和回收的垫支流动资金，通常把二者合称为回收额。

三、长期投资决策的评价指标

长期投资决策的评价指标可以分成两大类：一类是静态评价指标，也称非贴现指标，这类指标不考虑资金时间价值，主要包括总投资收益率、静态投资回收期等；另一类是动态评价指标，也称贴现指标，这类指标考虑资金时间价值，主要包括净现值、净现值率、现值指数、内含报酬率等。

（一）静态评价指标

1. 总投资收益率

总投资收益率又称投资利润率，是指投资方案的年息税前利润或年平均息税前利润额与投资总额的比率，记为 ROI。总投资收益率的计算公式为：

$$总投资收益率 = \frac{年息税前利润或年平均息税前利润}{项目总投资} \times 100\%$$

其中，分母项目总投资是项目原始总投资加上建设期资本化利息。

总投资收益率从会计收益角度反映投资项目的获利能力，即投资一年能给企业带来的平均利润是多少。总投资收益率是相对指标，利用总投资收益率进行投资决策时，若是单一方案，将方案的总投资收益率与预先确定的基准总投资收益率（或企业要求的最低总投资收益率）进行比较，若方案的总投资收益率大于或等于基准总投资收益率时，方案可行；若方案的总投资收益率小于基准总投资收益率时，方案不可行。若是多方案选择，以高于最低总投资收益率最多者作为优先选择。一般来说，总投资收益率越高，表明投资效益越好；总投资收益率越低，表明投资效益越差。

总投资收益率的优点主要是计算简单，易于理解。其缺点主要是：①没有考虑资金时间价值；②没有直接利用现金净流量信息；③计算公式的分子是时期指标，分母是时点指标，缺乏可比性。基于这些缺点，总投资收益率不宜作为投资决策的主要指标，一般只作为投资方案评价的辅助指标。

2. 静态投资回收期

静态投资回收期是指以投资项目营业现金净流量抵偿原始总投资所需要的全部时间。静态投资回收期分为包含建设期（通常以年来表示，记为 PP）和不包含建设期（通常以年来表示，记为 PP'）两种，二者的关系是 $PP = 建设期 + PP'$。一般来说，投资回收期越短，表明该投资方案的投资效果越好，则该项投资在未来时期所承担的风险越小。投资回收期的计算，在各年的营业现金净流量相等与不相等的条件下有所不同。

如果一项长期投资决策方案满足以下特殊条件，即经营期前若干年（假设为 m 年）每年营业现金净流量（NCF）相等，且有以下关系存在：

$$m \times 经营期前 m 年每年的 NCF > 原始投资总额$$

则可按以下简化公式直接计算投资回收期：

$$回收期（PP'）= 原始投资总额 \div 每年相等的 NCF$$

如果经营期各年的现金净流量不符合上述条件，则可通过列表计算累计现金净流量的方法来确定回收期。一般而言，投资者总希望尽快地收回投资，因而投资回收期越短越好。运用此法进行决策时，应将方案的投资回收期与期望投资回收期相比。

投资方案回收期<期望投资回收期，则接受投资方案；

投资方案回收期>期望投资回收期，则拒绝投资方案。

期望的投资回收期一般可以设定为方案计算期或运营期的一半，则有：

$$PP > 方案计算期的一半$$

$$PP' > 方案运营期的一半$$

（1）经营期前 m 年现金净流量相等，且 $m \times$ 经营期前 m 年每年的原始投资总额。其计算公式为：静态投资回收期＝原始总投资/年现金净流量。

（2）经营期年现金净流量不符合上述条件。在这种情况下，经营期各年现金净流量不相等，或虽然经营期前若干期现金净流量相等，但在此期间的现金净流量之和不足以抵偿全部投资，需计算逐年累计的现金净流量，然后计算出投资回收期。

静态投资回收期的主要优点是概念易懂，计算简便，并可促使企业尽快回收投资，减少风险。其缺点主要是：①没有考虑资金时间价值；②仅考虑了回收期以前的现金流量，没有考虑回收期以后的现金流量，而有些长期投资项目在中后期才能得到较为丰厚的收益，投资回收期不能反映其整体的营利性。正因为其存在明显的缺陷，所以静态投资回收期只作为辅助性的决策方法使用，一般应用于项目的初选评估。

（二）动态评价指标

1. 净现值

净现值是指在项目计算期内，按行业基准收益率或投资者设定的贴现率计算的各年现金净流量现值的代数和，记为 NPV。净现值的基本计算公式为：

$$NPV = \sum_{i=0}^{n}（第 t 年的现金净流量 \times 第 t 年的复利现值系数）$$

$$= \sum_{t=0}^{n} \frac{NCF_t}{(1+i)^t} = \sum_{t=0}^{n} NCF \cdot (P/F, i, t)$$

式中 n ——项目计算期（包括建设期与经营期）；

NCF_t ——第 t 年的现金净流量；

i ——行业基准收益率或投资者设定的贴现率；

$(P/F, i, t)$ ——第 t 年、贴现率为 i 的复利现值系数。

显然，净现值也可理解为投资方案的现金流入量总现值减去现金流出量总现值的差额，即：

$$净现值=未来报酬总现值-原始总投资额现值$$

净现值的经济意义是把各期现金净流量都统一在与原始投资额的投入时间相一致的时点上，从而使运营期现金净流量同原始投资额具有可比性。

当净现值大于等于零时，未来报酬总现值大于等于原始总投资额现值，说明方案可行；当净现值小于零时，未来报酬总现值小于原始总投资额现值，说明方案不可行；净现值越大，方案越好。

使用净现值指标进行投资方案评价时，贴现率的选择相当重要，因为贴现率的选择会直接影响投资方案评价的正确性，它的确定通常需要考虑行业特点、资金时间价值和风险报酬率。

净现值是长期投资决策评价指标中最重要的指标之一。其优点在于：①充分考虑了资金时间价值，能较合理地反映投资项目的真正经济价值。②考虑了项目计算期的全部现金净流量，体现了流动性与收益性的统一。③考虑了投资风险性，贴现率选择应与风险大小有关，风险越大，贴现率就可选得越高。但是该指标的缺点也是很明显的：①净现值是一个绝对值指标，无法直接反映投资项目的实际投资收益率水平。②当各项目投资额不同时，难以确定投资方案的好坏；③贴现率的选择比较困难，没有一个统一标准。

2. 净现值率

净现值率是指投资项目的净现值与原始总投资现值之和的比率，记为 $NPVR$，净现值率的基本计算公式为：

$$净现值率=\frac{净现值}{原始总投资现值之和}$$

净现值率反映每元原始投资的现值未来可以获得的净现值有多少。净现值率大于或等于零，投资方案可行；净现值率小于零，则投资方案不可行。用多个独立方案进行评价时，应选择净现值率最大的方案。

净现值率这个贴现的相对数评价指标的优点是，可以从动态的角度反映投资方案的资金投入与净产出之间的关系，反映了投资的效率；在已知净现值的情况下，计算简便，使投资额不同的项目具有可比性。其不足之处是无法反映项目的实际收益率。

3. 现值指数

现值指数又称获利指数，是指项目投产后按一定贴现率计算的经营期内各年现金净流量的现值之和与原始总投资现值之和的比率，记为 PI。其计算公式为：

$$现值指数 = \frac{经营期内各年现金净流量的现值之和}{原始总投资现值之和}$$

现值指数与净现值率之间存在如下关系：

$$现值指数 = 1 + 净现值率$$

现值指数反映每元原始投资的现值未来可以获得报酬的现值有多少。现值指数大于或等于 1，投资方案可行；现值指数小于 1，则投资方案不可行。现值指数用于多个相互独立方案之间的比较时，现值指数最高的投资方案应优先考虑。

现值指数同净现值率一样是贴现的相对数评价指标，可以从动态的角度反映投资方案的资金投入与总产出之间的关系，不足之处仍然是不能反映项目的实际收益率。

4. 内含报酬率

内含报酬率也称内部收益率，是指项目在计算期内各年现金净流量的现值累计等于零时的折现率，记为 IRR。显然，内含报酬率 IRR 应满足以下等式：

$$\sum_{t=0}^{n} NCF_t \, (P/F, IRR, t) = 0$$

净现值和净现值率、现值指数的计算都是以设定的折现率为依据来计算的，它们并不能揭示投资方案本身达到的报酬率。内含报酬率可以弥补这一缺陷。从上式可以看出，根据方案整个计算期的现金净流量就可计算出内含报酬率，它是方案的实际收益率。因此，内含报酬率是投资决策中的重要评价指标。如果投资项目的内含报酬率大于部门或行业的基准收益率，应认为项目具有财务可行性。内含报酬率越高，说明投资项目的效益越好。如果利用内含报酬率对多个方案进行选优时，在方案可行的条件下，内含报酬率最高的方案是最优方案。

计算内含报酬率的过程，就是寻求使净现值等于零的贴现率的过程。根据投资方案各年现金净流量的情况不同，内含报酬率可以按以下两种方式进行计算。

（1）一般计算法。

一般计算法是指通过计算项目不同设定折现率的净现值，然后根据内部收益率的定义所揭示的净现值与设定折现率的关系，采用一定技巧，最终设法找到能使净现值等于零的折现率——内部收益率 IRR 的方法，又称为逐次测试逼近法（简称逐次测试法）。其计算步骤如下：

第一步：先估算一个折现率，并以此折现率计算出项目的净现值。如果净现值为零或接近零，说明该折现率就是投资项目的内含报酬率。

第二步：如果净现值大于零，说明估算的折现率小于项目的内含报酬率，再定一个较大的折现率重新计算；如果净现值小于零，说明估算的折现率大于项目的内含报酬率，再定一个较小的折现率重新计算。

第三步：重复第二步，直到净现值为零或接近于零；或直到求出相邻的一正一负两个净现值。

第四步：如果净现值为零或接近于零，则设定的折现率就是项目的内含报酬率；如果求出了相邻近的一正一负两个净现值，就可用插值法算出近似的内含报酬率。需要注意的是，采用插值法时，最后用来计算内含报酬率的两个贴现率的差最大不宜超过 5%。

（2）简便计算法。

一般计算法比较复杂，如果投资方案建设期为零，全部投资均于建设起点一次投入，而且经营期内各年现金净流量为普通年金的形式，可用简便计算法计算内含报酬率。

内含报酬率也是长期投资决策评价指标中最重要的指标之一。用内含报酬率评价方案可以有效地克服净现值法和现值指数法不能确定有关方案本身实际上可以达到的投资报酬率的缺陷，使长期投资决策的分析评价更趋于精确化，而且不受决策者设定的贴现率高低的影响，比较客观。但其计算十分复杂，如果投资方案出现经营期追加投资的情况，就可能计算出若干个内含报酬率，会非常令人费解，还有，各年的现金净流量流入后，是假定各个项目在其全过程内是按各自的内含报酬率进行再投资而形成增值，而不是所有项目按统一要求达到的，并在统一的资本市场上可能达到的报酬率进行再投资而形成增值，这一假定具有较大的主观性，缺乏客观的经济依据。

第四节　全面预算管理

一、全面预算概述

全面预算又称总预算，是以货币形式及其他数量形式对企业未来在一定时期内的全部经济活动做出全面具体的规划。它以企业经营目标为出发点，以市场需求的研究和预测为基础，按照企业既定的经营目标和程序，以销售预算为主导，进而包括生产、成本和现金收支等各方面，并落实到生产经营活动对企业财务状况和经营成果的影响，最后以预计财务报表作为终结，以便对企业特定计划时期内全部生产经营活动进行有效的组织与协调。

（一）全面预算的内容体系

企业性质和规模不同，全面预算的具体内容体系也会有所不同，但其基本内容是相同的，通常包括生产经营预算、专门决策预算及财务预算三个部分。

1. 生产经营预算

生产经营预算又称日常业务预算，是指企业在预算期的日常营业活动，即产、供、销等生产经营活动所编制的各种预算，是企业具有实质性的基本活动的预算。

日常业务预算是编制全面预算的基础，主要包括销售预算、生产预算、直接材料预算、直接人工预算、制造费用预算、产品成本预算、营业及管理费用预算等。

这些预算大多以实物量指标和价值量指标分别反映企业收入与费用的构成情况。

2. 专门决策预算

专门决策预算也称特种决策预算，是指企业为不经常发生的长期投资项目或者一次性专门业务所编制的预算。通常是指与企业投资活动、筹资活动或收益分配等相关的各种预算。

它可以分为资本预算和一次性专门业务预算两类。其中，资本预算主要是针对企业长期投资决策编制的预算，包括固定资产投资预算、权益性资本投资预算和债券投资预算；一次性专门业务预算主要有资金筹措及运用预算、缴纳税金与发放股利预算等。

3. 财务预算

财务预算是指根据日常业务预算和专门决策预算所涉及的有关现金收支、经营财务成果和财务状况变动所编制的预算。

财务预算是建立在营业预测基础上的，包括现金预算、预计损益表、预计资产负债表和预计现金流量表等。

以价值量指标总括反应经营预算与资本支出预算的结果。

（二）全面预算的作用体现

预算管理作为对现代企业成熟与发展起过重大推动作用的管理系统，是企业内部管理控制的一种主要方法。"全面预算管理是一种具有现实意义的管理方式，也是一种对企业未来进行整体战略与计划制订的有效手段。"① 全面预算管理是为数不多的能把组织的所有关键问题融合于一个体系之中的管理控制方法之一。

第一，明确目标，控制业务。预算是目标的具体化，它不仅能帮助人们更好地明确整个企业的奋斗目标，而且能使人们清楚地了解自己部门的任务编制预算的目的是贯彻目标管理的原则，指导和控制业务。

第二，内部协调，综合平衡。预算把整个企业各方面的工作严密地组织起来，使企业内部上下左右协调起来，从而达到平衡。把企业内部有关协作单位的配合关系，也纳入统一的预算，这样就能进一步地发挥预算的控制作用。

第三，分析比较，评价成绩。预算工作不能只限于编制，还应该包括预算的执行。在生产经营过程中，把实际与预算加以比较，揭示出来的差异，一方面可以考核各部门或有关人员的工作成绩，另一方面也用来检查预算编制的质量。有些实际脱离预算的差异，并不表示实际工作的好坏，而是预算的本身问题，如预算脱离了实际。掌握这些情况，有利于改进下期预算的编制工作。

（三）全面预算编制的原则

第一，以明确的经营目标为前提。如在确定了目标利润后，就需要相应地确定目标成本，编制有关销售收入和成本费用的预算。

第二，具有全面性和完整性。凡是影响目标实现的业务、事项，均应以货币或其他计量形式来具体地加以反映，尽量避免由于预算缺乏周详的考虑而影响目标的实现。有关预算指标之间要相互衔接，钩稽关系要明确，以保证整个预算的综合平衡。

第三，积极可靠，留有余地。积极可靠是指要充分估计目标实现的可能性，不要把预算指标定得过低或过高，保证预算能在实际执行过程中，充分发挥其指导和控制作用。为了应对实际工作的千变万化，预算又必须留有余地，具有一定的灵活性，以免在意外事项发生时，造成被动局面，影响平衡，以至于影响原定目标的实现。

二、全面预算体系编制

（一）全面预算编制的程序

全面预算编制的程序有"自上而下""自下而上"两种基本方式。不管是自上而下，

---

① 俞瑜. 企业全面预算管理工作中问题与对策 [J]. 商场现代化, 2023 (20): 171~173.

还是自下而上，全面预算的编制都要经过一个上下沟通、反复协调、几上几下的复杂流程，才能最终形成正式预算草案，切不可一蹴而就，草草了事。下面，以编制年度预算为例，说明编制全面预算的程序。

1. 下达预算目标

首先，由公司预算管理委员会根据公司董事会制定的公司发展战略和经营目标，经过对预算期内市场情况、企业自身情况等因素的科学预测，一般于每年9~10月份提出下一年度的企业全面预算目标，包括销售目标、成本费用目标、利润目标和长期投资方案等。

其次，由公司预算管理部门编写"年度预算编制大纲"、设计预算表格、分解各项预算指标，通过召开专门预算会议的形式，将预算指标下达给下属各预算编制部门。

2. 上报编制草案

各预算编制部门按照公司下达的预算目标和预算编制大纲，结合自身特点以及预测的执行条件，经过认真测算后提出本部门的预算草案，于当年11月中旬上报给公司预算管理部门。

3. 审查平衡

公司预算管理部门会同有关职能部门对各预算编制部门上报的预算草案进行审查、汇总，并提出综合平衡的建议。在审查、平衡过程中，公司预算管理部门要进行充分协调、沟通，对发现的问题和偏差，提出初步调整意见，并反馈给有关预算编制部门予以修止。对经过多次协调仍不能达成一致的，应在充分调研的基础上，向公司预算管理委员会汇报，以确定是否调整有关预算编制部门的预算目标，并最终达到综合平衡。

4. 审议批准

公司预算管理部门在有关预算编制部门修正、调整预算草案的基础上，汇总编制出整个公司的全面预算方案，报公司预算管理委员会审议；预算管理委员会召集专门会议审议公司全面预算方案，对于不符合企业发展战略或经营目标的事项，预算管理委员会要责成公司预算管理部门进行修订和调整；在反复修订、调整的基础上，公司预算管理委员会编制正式的年度全面预算草案，提交公司最高决策机构——公司董事会或股东（大）会审议批准。

5. 下达执行

公司预算管理部门将已经审议批准的年度全面预算，在次年1月份之前，逐级下达到各预算部门执行。

（二）财务预算编制

1. 现金预算

现金预算是指一定的预算期内有关现金流转状况的预算。这里所说的现金是广义的现金概念，包括库存现金、银行存款和其他货币资金。现金预算是企业预算的一项重要内容，通过现金预算可以事先对企业日常的现金需要量进行有计划的安排，以便合理地调度资金，提高资金的使用效率。

现金预算一般由现金收入、现金支出、现金多余或不足，以及资金的筹集与运用等四部分构成。

（1）现金收入。现金收入包括期初现金余额和预算期内可能的现金收入，如本期销售收到的现金以及收回以前的应收账款等。

（2）现金支出。现金支出包括预算期预计可能发生的各项支出，如采购材料支付的货款、支付的工资、制造费用及销售与管理费用中需要支付现金的部分、支付应付账款、缴纳税金、购买设备和支付股息等。

（3）现金多余或不足。现金收支相抵后的差额，如为正数，说明收入大于支出，现金有多余，除考虑偿还到期债务外，还可以购买短期有价证券进行短期投资；如为负数，说明支出大于收入，现金不足，需要想办法筹资。

（4）资金的筹集与运用。如果出现现金不足，企业需要采取合法、合适的途径筹措资金，如向银行借款、利用商业信用、出售有价证券、发行股票、发行债券等，以避免影响正常的生产经营。如果出现现金余额过多，应合理运用，如偿债、进行投资等，以避免造成资金的闲置浪费。期末现金余额的计算公式为：

期末现金余额=期初现金余额+现金收入−现金支出±资金筹集（或运用）

2. 预计利润表

预计利润表是以货币形式综合反映预算期内经营活动成果（包括利润总额、净利润）的一种预算。

根据前述的各项经营预算，结合会计的权责发生制原则，即可编制预计利润表。预计利润表是整个预算过程中的一个重要环节，它可以揭示企业预期的盈利情况，从而有助于管理人员及时调整经营策略。

3. 预计资产负债表

预计资产负债表是指用于总括反映企业预算期末资产、负债和所有者权益存在状况的一种预算报表。预计资产负债表可以为企业管理者提供会计期末企业预期财务状况的信息，据此，有助于企业管理当局预测未来期间的经营状况，并采取适当的改进措施。

其编制方法为，在企业期初资产负债表的基础上，经过对经营业务预算和现金预算中的有关数字做适当调整，就可以编制预计资产负债表。

三、全面预算编制的具体方法

从预算编制的不同角度，可以将预算编制的方法分为若干种类型，本小节利用对比的方法分别介绍了各类预算编制的具体方法。

（一）固定预算和弹性预算

全面预算按照其与预算期内业务量变动关系及预算发挥效用中灵活程度不同，可分为固定预算和弹性预算。

1. 固定预算

固定预算又称静态预算，是以预算期内正常的、可能实现的某一业务量（如生产量、销售量）水平为固定基础，不考虑可能发生的变动因素而编制预算的方法。它是最传统的，也是最基本的预算编制方法。

一般来说，固定预算只适用于业务量水平较为稳定的企业或非营利组织编制预算。

2. 弹性预算

弹性预算又称变动预算或滑动预算，是指为克服固定预算方法的缺点而设计的，在成本习性分析的基础上，以业务量、成本和利润之间的依存关系为依据，按照预算期可预见的各种业务量水平为基础，编制能够适应多种业务量预算的方法。

由于未来业务量的变动会影响到成本、费用、利润等各个方面，因此，弹性预算方法从理论上讲适用于编制全面预算中所有与业务量有关的各种预算，但从实用角度来看，主要用于编制弹性成本费用预算和弹性利润预算等。

（二）增量预算和零基预算

全面预算按照编制预算方法的出发点不同，可分为增量预算和零基预算两大类。

1. 增量预算

增量预算，又称调整预算，是指以基期成本费用水平为基础，结合预算期业务量水平及有关影响成本因素的未来变动情况，通过调整有关原有费用项目而编制预算的一种方法。

增量预算的优点：由于预算是以过去的经验为基础，实际上是承认过去所发生的一切都是合理的，主张不需要在预算内容上做较大改进，而是沿袭以前的预算项目。因而，该方法简便易行。

增量预算的缺点：①受到原有费用项目与预算内容的限制。②容易导致预算中的"平均主义"和"简单化"。③不利于企业未来发展。

2. 零基预算

零基预算，又称零底预算，主要用于对各项费用的预算。它是指在编制成本费用预算时，完全不受以往费用水平的影响，而是以零为起点，根据预算期企业实际经营情况的需要，逐项地审议预算期内各项费用的内容及开支标准是否合理，在综合平衡的基础上编制费用预算的一种方法。

零基预算的优点：①不受原有费用项目和费用额的限制。这种方法可以促使企业合理有效地进行资源分配，将有限的资金用在刀刃上。②有利于调动有关各方有效降低费用，提高资金的使用效果和合理性。③有利于企业未来发展。由于这种方法是以零为出发点，对一切费用一视同仁，有利于企业面向未来发展考虑预算问题。

零基预算的缺点：工作量很大。由于这种方法是一切从零出发，在编制费用预算时需要完成大量的基础工作，如历史资料分析、市场状况分析、现有资金使用分析和投入产出分析等，这势必带来很大的工作量，也需要比较长的编制时间。因此，企业可以每隔几年编制一次零基预算，在其他时间采用增量预算。

（三）定期预算和滚动预算

全面预算按照预算期间起讫时间是否变动，分为定期预算和滚动预算。

1. 定期预算

定期预算是指在编制预算时以不变的会计期间（如日历年度）作为预算期的一种编制预算的方法。

定期预算的优点：能够使预算期间与会计期间相一致，便于考核和评价预算的执行结果。

定期预算的缺点：①缺乏远期指导性。②滞后性。③间断性。

2. 滚动预算

滚动预算，又称连续预算或永续预算，是指在编制预算时，将预算期与会计年度脱离，随着预算的执行不断延伸补充预算，逐期向后滚动，使预算期能永远保持在一个固定期间（如12个月）的一种预算编制方法。其具体做法是每过一个预算期，立即根据其预算执行情况，对以后各期预算进行调整和修订，并增加一个预算期的预算。这样，如此逐期向后滚动，使预算始终保持一定的时间幅度，从而以连续不断的预算形式规划企业未来的经营活动。

与传统的定期预算方法相比，按滚动预算方法编制的预算具有以下优点：①透明度高。②及时性强。③预算年度完整。

采用滚动预算的方法编制预算的主要缺点是预算工作量较大，尤其是滚动预算的延续工作将耗费大量的人力、物力，代价较大。

（四）预算方法与各种预算之间的关系辨析

预算方法与全面预算体系中的各种预算常被混为一谈，其实两者既有区别又有联系。

1. 预算方法与各种预算的联系

任何一种预算方法只有运用到编制具体的预算才能发挥作用，如弹性预算方法不仅可以用于成本预算的编制，也可以用于利润预算的编制。同样地，各种预算的编制也离不开一定的预算方法。例如，在实践中的成本或费用预算可能按照固定预算方法或弹性预算方法进行编制。

此外，即使是不同类型之间的预算方法之间也并非完全相互排斥的关系。在编制某一特定内容的预算过程中，完全有可能既采取弹性预算方法，又采取了滚动预算方法。

2. 预算方法与各种预算的区别

（1）归属的内容体系不同。

本节所介绍的六种预算方法分别归属于三种类型，固定预算与弹性预算属于一类，增量预算与零基预算属于一类，定期预算与滚动预算属于一类。只有同类型中的不同预算方法才可以相互比较。其中，固定预算方法、增量预算方法和定期预算方法都属于传统的预算方法；弹性预算方法、零基预算方法和滚动预算方法则属于为克服传统预算方法的缺点而设计的先进预算方法。

而全面预算体系中的各种具体预算则分别归属于经营预算、专门决策预算和财务预算三种类型。每一种预算都可以与其他类型中的任何预算进行比较，不受限制。

（2）命名的规则不同。

预算方法在命名时，突出了该种方法的本质特征，如弹性预算方法强调了预算编制所依据的多个业务量基础，滚动预算方法则突出了预算期连续滚动的特征。而全面预算体系中的各种具体预算在命名时反映了预算的具体内容，这一点在经营预算中尤为突出，如销售预算的内容主要是销售收入，生产预算的内容则是产量。

第三章 现代企业管理会计的发展新路径

第一节 现代企业管理会计信息化发展思考

现在是信息化高速发展的时代，信息化无所不在，与我们的工作、生活息息相关，而"信息高速公路""数字地球"等概念的涌现，更加体现信息化的重要性与战略高度。在信息技术的助推下，我国企业财务会计理论和实务得到了突飞猛进的发展。同时，意识到管理会计也应与信息技术相结合应用。"管理会计信息化具有自动化管理、提高企业生产效率、保证信息准确性等优点，故近年来备受关注，应用也开始起步。"[1]

一、企业管理会计信息化建设的重要性解读

管理会计已经成为当前企业财务管理工作优化发展的重要趋势，其可以将会计和管理进行密切结合，促使会计工作能够更加优化，尤其是在企业决策以及全过程运营管理中，更是可以发挥较强的优化支持效果。企业管理会计工作开展中，往往需要会计工作人员为企业发展提供较强的计划指导、决策参考以及监督监控等，以确保所有财务信息能够得到充分运用，以此规避可能出现的严重问题。由此可见，管理会计对于企业发展的重要价值较为突出，但是相应工作任务量同样也较大，明显增加了企业会计工作人员压力。在传统会计工作模式应用下，也容易出现偏差问题，应该引起高度重视。

基于此，在未来企业管理会计工作中积极推进信息化建设极为必要，信息化手段的应用不仅能够明显提升企业管理会计工作的效率，也可以提高管理会计工作的准确度，更好地优化其应用价值。

从企业管理会计工作涉及的海量数据信息资料上来看，为了促使其形成较为理想的收集、共享以及分析应用效果，必然也就需要借助信息化技术，促使各项工作都可以在信息化管理模式下予以完成，由此表现出更强的高效性以及准确度，并降低管理会计工作人员面临的较大压力。当然，企业管理会计对于信息化建设同样也提出了更高要求，传统企业财务会计信息化管理模式往往并不能够完全胜任管理会计工作，存在较为明显的冲突问

---

[1] 张继德，刘向芸. 我国管理会计信息化发展存在的问题与对策[J]. 会计之友，2014 (21)：119~122.

题，这就需要基于管理会计的各项要求进行综合分析，力求进一步加大信息化建设力度，构建符合管理会计工作的新型信息化系统，最终体现企业管理会计信息化建设价值。

二、企业管理会计信息化建设存在的主要问题

（一）理念相对滞后

企业管理会计信息化建设存在的问题首先表现在理念层面，因为相关工作人员的理念不能得到及时更新，和新时代发展特点以及管理会计工作存在明显不协调现象，这必然会严重影响到企业管理会计信息化建设效果。虽然现阶段企业管理会计的重要性得到普遍认可，很多企业也正在推进企业从原有财务会计向管理会计转变，但是围绕着管理会计进行信息化建设却并没有得到高度认同，甚至很多人认识不到专门进行信息化建设和优化的必要性，认为只需要沿用传统财务管理信息化手段即可，如此也就难以形成优化转变。

其次，理念方面的滞后性问题还具体表现在缺乏对先进信息化手段的重视。不能及时了解和掌握各类先进信息化管理方法，而是依然仅仅将信息化管理当作是简单的电算化手段，认为只需要借助计算机设备进行企业财务会计信息资料的收集和保存即可，缺乏对更为先进信息化管理手段的积极引入，信息化建设成效必然不够理想。

（二）支持力度不足

企业管理会计信息化建设还受到了支持力度不足的影响，因为缺乏足够的各方面支持，也就必然导致信息化建设工作难以优化落实，甚至会表现出较为明显的形式化现象，无法真正推进企业管理会计优化落实。对企业管理会计信息化建设中存在的支持力度不足的问题进行分析，首先直接表现在资金方面，因为企业没有高度重视管理会计信息化建设，在该方面的投入力度不足，无法为相关硬件设施以及软件的引入提供可靠支持，最终必然会产生制约，成为最为根本的影响因素。

另外，企业管理会计信息化建设还需要得到其他部门的支持，尤其是围绕企业管理会计工作的开展，更是涉及多个部门的支持，这一点在信息化建设中同样也不例外，如果企业管理会计信息化建设得不到相关部门的支持，在信息共享方面存在明显制约，最终企业管理会计工作必然会受到影响和制约，难以在后续形成理想的运行效果。

（三）规划工作有待完善

企业管理会计信息化建设存在的问题还表现在整体规划上，因为规划工作并不是特别

合理，缺乏对企业自身、管理会计以及信息化系统等多个方面的综合分析，在信息化技术引入时存在较为明显的随意性，因此必然会严重影响到最终管理会计工作的执行效果。在企业管理会计信息化建设中，如果过度关注信息化技术的先进性，力求引入功能最为强大的信息化手段，却忽视了企业发展实际状况以及管理会计工作需求，最终也就难以在后续形成良好的运用效果，极易出现信息孤岛或者其他问题。

另外，企业管理会计信息化建设在规划方面存在的问题还表现在整体性和协调性不足，没能围绕企业各个部门进行协同规划，仅仅从财务部门自身入手开展信息化建设，其后果是后续整个企业内部信息化管理成效不理想，无法将会计工作和企业业务进行密切联系，最终必然会影响到信息化建设效果，无法为管理会计工作人员提供有力的技术支持，进一步影响辅助管理效果。

（四）人员方面的问题

企业管理会计信息化建设问题还表现在人员方面，人员不仅是信息化建设的规划者，同样也是后续信息化系统的应用者，如果人员方面存在偏差问题，势必会影响企业管理会计信息化建设效果，造成信息化系统无法发挥其应有价值。其存在的问题首先表现为管理会计工作人员的胜任力不强，因为管理会计工作的复杂性较为突出，在具体工作开展中涉及较为繁杂的任务，相应信息化管理模式也较为复杂，极容易出现人员不熟悉管理会计工作流程以及信息化系统的现象，最终导致管理会计信息化建设流于形式，难以真正形成较强的应用价值。

此外，企业管理会计信息化建设面临的人员问题还表现在专业的信息化技术层面，因为企业管理会计信息化建设涉及越来越多的先进信息化手段，如果管理会计工作人员过度关注管理会计工作流程以及工作任务，不注重学习信息化相关知识，该部门也同样缺乏专业的IT人才，无法针对相应信息化系统进行必要维护，容易造成较多问题和故障，难以发挥管理会计信息化系统的应有价值，甚至会带来严重危害和影响。

三、企业管理会计信息化建设的加强对策

（一）不断更新理念

企业管理会计信息化建设首先应该注重更新理念，要求企业领导层以及管理会计工作人员都能够充分认识到新形势下企业管理会计的重要性以及推进管理会计信息化建设的必要性，由此更好地为后续相关工作开展打好基础。在企业管理会计信息化建设中，企业领

导应该予以高度重视，要求其能够对管理会计和财务会计的区别予以明确，在认识到管理会计成为未来发展的必要趋势后，进一步明晰优化管理会计工作中信息化建设的重要价值，如此也就可以解决以往该方面存在的明显被忽视的现象。

具体到企业管理会计工作人员上，也同样需要对其进行必要培训和教育，不仅要不断提升其管理会计工作执行能力，使其熟练掌握管理会计中的各个任务和具体要点，还应该重点关注管理会计信息化系统的应用要求，促使其积极转变固有的会计工作模式，深入分析明确管理会计信息化系统和原有信息化管理模式的差异，进而在更新理念的指导下，确保企业管理会计信息化建设得以优化落实，避免理念方面存在的严重制约问题，以引导企业管理会计相关的人员注重信息化建设。

（二）提升支持力度

企业管理会计信息化建设还应该高度关注支持力度的提升，能够对该方面工作所需要的所有支持条件予以满足。首先，企业应该做好顶层设计，在明确管理会计信息化建设必要性的基础上，注重为其提供充足的资金支持，解决资金方面的严重限制。这就需要相关人员在企业管理会计工作模式转变落实中，重点围绕该方面的信息化建设进行充分研究，切实做好该方面的预算工作，明确该项工作所需要的资金量，整个企业预算中予以关注，保障该方面的资金拨付较为充足，以支持各项信息化建设工作落实。

其次，企业管理会计信息化建设所需要的支持还应该贯彻到企业各个部门中，要求促使企业部门能够积极配合完成该项工作，尤其是对于会计工作中关联度较为密切的一些业务部门，更是需要促使其在认识到管理会计重要性的基础上，可以为信息化建设提供必要支持，减少信息化建设中可能遇到的较大阻力，尤其是在相关软件配置方面，更应该得到相关部门的高度支持，确保信息化建设的落实更为彻底到位。

（三）注重做好整体规划

企业管理会计信息化建设还需要注重做好整体规划，要求能够从整个企业着手，分析评估如何构建更具可行性和实效性的信息化系统，避免出现严重偏差隐患。在整体规划设计中，应该全方位分析管理会计工作的各个流程以及工作任务，明确管理会计工作开展中涉及的主要任务及其相关部门，明确信息化建设的目标和规模，促使信息化建设工作可以兼顾所有相关任务和部门，更好地推动后续管理会计工作的信息化处理，解决规划不全面带来的不良影响。

在此基础上，企业管理会计信息化建设还应该重点考虑到协调性，要求整合企业信息化数据平台，对现有的所有软件和系统进行综合分析，最终整合为一套信息化体系，以促使企业内部各个部门之间达到理想的沟通协调效果，避免出现严重运行阻碍问题。企业信息化平台的构建应该确保其具备理想的全面性，能够实现数据信息资料的有序搜集、存储、共享以及分析应用，以此更好地提升其应用价值，可以较好地服务于管理会计工作。比如，当前越来越多的企业致力于财务共享中心的构建，依托该模式同样可以增强管理会计信息化建设的整体规划效果，解决以往企业内各个部门信息化系统的"各自为政"问题。

（四）积极完善工作团队

企业管理会计信息化建设还应该落实到人员方面，要求逐步完善管理会计工作团队，确保相关人员可以具备较高的岗位胜任能力和新形势下的适应能力，由此更好提升管理会计工作执行效果，避免可能出现的人为问题。首先，针对现有企业会计工作人员进行必要的培训指导，确保相关人员不仅要熟练掌握管理会计工作要求，能够顺利完成管理会计工作任务，还需要重点考虑到信息化建设方面的要求，以便促使管理会计信息化系统的应用较为顺畅，避免因为人员不熟悉该系统而导致相应作用价值无法有效呈现。

其次，针对企业管理会计信息化系统应用中所需要的一些新型人才，尤其是对于更为专业的信息化人才，需要及时补充到管理会计工作团队中来，以便更好地完成相应信息化系统的维护和管理任务，同时也能对其他会计人员进行必要的辅助和指导。

总之，企业管理会计信息化建设是推动企业管理会计工作优化落实的重要手段，有助于适应越来越复杂的企业管理会计工作模式。为了优化企业管理会计信息化建设效果，应该更新理念，为该项工作提供强有力的支持，在合理规划设计的基础上，依托专业人才，更好地发挥管理会计信息化建设成效。

第二节　大数据环境下管理会计的发展应对

在经济实力飞速发展的进程当中，大数据已经逐渐成为我们生活中必不可少的存在，而一个企业如果想要在激烈的国际竞争中占据相对稳定的地位，就应该适当地增强对管理会计工作的重视。管理会计作为一个全新的领域在很大程度上能够直接影响企业综合竞争能力的提升，在大数据时代下我们也应该适当地增强对管理会计的重视。如今，大数据的飞速发展不仅给企业的管理会计工作带来了发展的机遇，更带来了前所未有的挑战，使企业的管理会计工作受到了比较严重的威胁。为了能够从根本上改善这种现状，企业应该不断增强自身的综合实力，为管理会计工作的全面提升提供帮助。

一、大数据时代及其对管理会计的影响

（一）大数据的时代内涵

大数据作为现代互联网技术中比较优秀的存在，有着极高的使用价值与作用。也正是5G互联网时代的到来，使我们能够更加真切地感受到互联网技术为我们生产生活带来良好的帮助。合理地运用大数据信息技术，让其在企业的经营与管理中发挥出自身的作用与价值，我们就能够更好地进行决策与管理。其中最明显的就是，大数据信息的到来对我们支付方式带来的影响。在传统的资金交易往来中，一般都是使用现金或者银行卡进行支付，而大数据时代的到来，迅速地转变了我们的支付方式。很多企业在经营与管理中也很好地彰显出了大数据时代的独特优势与价值，如果能够更好地提升企业自身的综合竞争能力，加强对管理会计工作的重视是非常关键的。企业领导人员积极地将管理会计工作与大数据信息进行合理的融合，以更好地满足大多数人民群众基本的需求，实现我国经济实力的稳步提升，促进企业经济实力的提升。

（二）大数据时代对管理会计产生的影响

在企业的发展过程中，管理会计这一名称最早出现在20世纪初期。而且，这一管理方式与传统的会计工作有很大的区别，它们作为一种新型的行业有着极高的应用价值，不仅能够增强企业的经济实力，还能提升为人民群众服务的能力，为现代社会企业综合竞争实力的全面发展起到了非常有效的帮助。管理会计的工作与传统的会计管理方式有着很大的区别，对于现代社会的发展有着非常重要的引导与帮助。企业积极地在大数据的帮助下进行管理会计工作，也是为了企业能够在后期的决策工作中展现出自身的强大价值。

随着我国经济、科技的不断发展与进步，作为一种新型的管理会计方式，在很大层面上已经改善了传统企业发展中存在的问题，在时代的发展进程中，企业的各种数据信息也变得越来越快速。管理会计工作在实际的运行中，也有其自身的基本特点，其中的信息质量管理是有着非常紧密关联性的。如果管理会计工作不能够及时地掌握其中的数据信息，将会导致最终的决策失误。企业只有积极地加强对管理会计工作的重视，减少其中不利因素出现的可能性，才能够提升其自身的价值与作用。

二、大数据环境下管理会计面临的机遇与挑战

随着互联网信息技术的快速发展，大数据技术开始在我们的生产和生活中得到越来越

广泛的应用，对企业的管理会计也产生了很大的影响。大数据环境不仅为企业的管理会计工作带来重要的发展机遇，也使企业的管理会计工作面临着巨大的挑战。

（一）大数据环境下管理会计面临的机遇

1. 大数据提升企业的预测能力

管理会计作为现代社会主义市场经济发展进程中，比较先进的存在，拥有着高效的管理手段与方法。而在大数据飞速发展的时代背景下，管理会计这一岗位的工作人员，也面临着越来越多的困难。只有不断地提升管理会计工作的质量，才能够进一步增强企业的预测能力，为企业长久稳定的发展提供有效的帮助与引导。在大数据时代的发展背景下我国很多企业受益良多，更是非常直接、科学地提升了企业的预测能力。传统的管理会计工作经常会受到信息面窄等问题的影响，使得数据信息预测能力不能得到有效的提升。而大数据的出现主要就是为了能够更加精准地对数据信息进行分析与预测，企业也在这一过程中运用管理会计预测的方式对数据信息进行实时收集、整理以及分析，进而做出更加科学的决策。

2. 大数据提高企业的决策能力

大数据的诞生与运用在企业的发展与创新过程中，能够更加全面地提升其自身的决策能力，以及核心竞争能力。一家企业在平时的经营与管理过程中，需要对大量的数据信息进行合理的研究与分析，以便为更多的客户提供帮助与引导。在互联网技术的帮助下，企业能够很好地在生产经营过程中拉近与客户的关系，更加真实地了解客户的实际需求，进而更加准确地掌握实际的数据信息状况，合理地调整自身的生产与经营方式，真正意义上做到科学决策。长期在这样的大环境下进行管理会计的工作，能够让员工在第一时间内做好对各类数据信息的分析，在长久发展的过程中为企业提供决策层面上的帮助，从根本上实现企业决策能力、核心竞争能力的终极目标。

3. 大数据增强内部的成本管控

互联网技术与管理会计的融合，是现代乃至未来社会发展的必然趋势，这主要是因为大数据技术能够更好地增强企业对资金成本的管控，以及编制出行之有效的预算方案。由于传统的管理会计在工作中，经常会因为缺乏充足的数据信息支撑，而导致自身工作的局限性。在大数据信息的广泛应用背景下，企业能够合理地控制自身的资金成本流向，也能够在动态化的资金技术管理当中为企业的科学运营提供帮助。其中最主要的就是要制定出完善的生产管理标准规划，从根本上避免企业资源利用不合理、浪费的现象。成本管控工作在一定程度上能够加强企业的内部管理方式，也能够让企业获得更多的一手信息资源，准确把握市场未来基本的发展趋势。

4. 大数据推动企业的全面发展

大数据技术在企业管理会计层面的运用，能够更加真实地提升内部管理会计的工作质量与效率，最主要的就是能够推动企业更加全面、科学、合理地发展，增强员工的工作积极性。推动企业的全面发展，固然需要提升员工的综合素质能力，让每一个员工都能够主动地参与到企业的管理工作中，这是非常有必要的。由此可见，企业内部的领导与决策人员应该进一步地增强对会计管理人员的管理，在提升其自身工作效率与质量的过程中，企业也就能够朝着更良好的方向发展。所以，加强对管理会计人员的综合素质能力提升也是非常有必要的，这更好地避免了企业员工工作中不利因素出现。

（二）大数据环境下管理会计面临的挑战

1. 数据信息储存空间不足

在时代的发展与进步过程当中，我国的管理会计虽然有着比较悠久的发展历史，然而，到目前为止仍然还处在初级的管理阶段，大多数企业对于管理会计工作没有过多地重视。这也就在一定层面上导致了其出现发展相对落后的局面，不利于我国经济实力的全面提升，其中最主要的挑战就是数据信息储存空间不足的问题。

在大数据的运行过程中，企业自身的数据信息总量相较于以前已经有了成倍的增长，但出现了对数据信息储存不到位的问题，严重的数据信息储存问题，还制约了管理会计工作人员的效率与质量。为企业大数据信息应用带来一定的挑战。企业内部的管理人员应该积极地保证数据信息的完整性，以及自身的强大价值，这在一定的层面上需要管理会计人员具备较强的综合素质能力。

2. 会计的分析技术不完善

在现代社会的发展进程当中，数据信息的不完善在很大的层面上制约了现代化企业长久稳定地发展。企业在实际工作、运营过程中也经常会出现数据信息不能充分发挥自身作用与价值的问题，这也就直接地造成了企业管理过程中资金成本的过度浪费。

随着大数据而来的还有两个最主要的因素：一是现有的数据信息处理技术很难匹配到相应的数据信息，也不能够获取更多有价值的因素，制约了企业管理会计工作的发展。二是企业在大数据信息的运行下，对数据信息收集没有一个基本的掌握，使得出现了大量的非结构化数据，增加了企业的工作难度，更是直接地降低了企业管理会计工作的效率，不利于其长久稳定地发展。

3. 管理会计的信息安全存在隐患

大数据的使用主要是将海量的数据信息融合在一起,这也在一定程度上使得我们的个人隐私、企业隐私很难能得到有效的保障,导致管理会计工作不能够朝着更加良好的方向发展。大数据时代的到来使得信息技术得到了飞速的发展,大量的数据信息也开始涌入我们的生产与生活中,其中更是包含着大量的企业机密信息、个人隐私等。一旦这些信息被泄露,就会对企业机密性文件带来安全隐患。如果不能够很好地保证管理会计工作的有效性,现代化信息技术的应用也就很难发挥其良好的价值。严重的还会为企业的综合素质能力提升带来比较严重的影响。

4. 缺乏专业技术人才

在时代的发展进程当中,专业的技术人员是比较短缺的,在很大的层面上也为我国整体经济的提升带来了非常直接的影响。由于我国会计行业的人员结构设计不是很合理,尤其是在经济实力不断提升的大背景下,从事会计工作的人员数量也开始不断增加,这在一定层面上与我国传统的人力资源结构相比较,存在较大的问题,这也使得我国基本的就业结构出现了差别。由于管理会计这项工作需要具备较高的综合素质能力,更进一步影响到企业管理人员的决策工作效率与质量。大数据信息飞速发展的时代,也是因为能够广纳各种类型,以及多种数量的信息,通过对专业技术的研究与分析,我们能够更加精准地掌握专业技术人才的基本特点。而现如今,大数据时代的发展也使企业急需大量的管理会计工作人员,因而造成了比较严重的人力资源短缺现象。我们只有积极地将有价值的工作技术人员转换成为管理会计的工作技术人员,才能够更好地增强企业的数据信息决策能力。

三、大数据环境下管理会计的加强措施

(一)树立科学的管理会计意识

在新时代的发展背景下,大数据信息技术有着非常广泛的应用空间,其开放、共享的管理会计方式,在很大程度上为企业的进一步发展带来了更加广阔的发展空间。而且,在这样的大数据管理会计工作背景下,企业内部的领导人员如果想要提升自身的综合竞争实力,就应进一步增强对管理会计的重视程度,学习西方国家的先进治理与管理措施。简单理解就是,领导层的管理人员在平时的工作中适当地给予管理会计工作重视,让每一位员工都能够在平时的生活中,更进一步地意识到管理会计工作,对于大数据时代背景下的企

业发展有着更好的促进作用。

除此之外，在引进西方先进国家的管理会计经验过程中，不能照搬照抄，而是应巧妙地融合到我们自身的企业发展中，为企业在管理会计工作层面上提供更加有力的帮助，同时让更多企业内部的员工都能够了解到大数据时代下的管理会计工作对于企业综合竞争实力的强大影响与作用。企业内部的管理人员为了能够全方位地提升自身的安全管理意识，可以带领员工学习大数据性相关的知识内容，不断地激发管理会计人员的强大工作意识，真正意义上提升会计管理人员的工作意识。

（二）建立良好的信息管理系统

在实际的管理会计工作当中，更加注重对管理会计系统运行方式的合理管控，是现代社会发展进程中一种全新的管理方式。这也是在大数据的发展背景下，更加真切地展现出了企业在实际发展进程中对于自身各项工作实力的提升，非常明显地降低了信息技术的处理与管理成本，最大限度上增强了现代化企业在社会主义市场竞争中的核心地位。

大数据强大的信息储存能力，以及通信能力、数据信息分析能力等都有着极高的技术水平，也能够在最短的时间内完成数据信息的贡献概念股，真正意义上提高了现代企业在管理会计工作层面上的信息管理系统。由此可见，积极地构建与完善企业内部的会计信息管理系统，既可以帮助企业很好地解决其内部信息储存不充足的问题，也能够促进管理会计工作实际的全面提升与快速发展。

（三）提升管理会计人员对大数据技术的了解

为了能够更加真实地反映出信息化数字技术以及大数据时代给我们带来的影响，企业内部的管理会计人员应该积极地增强自身对大数据信息的了解与掌握。并且，能够在平时的工作当中，巧妙地运用大数据技术进一步地提升自身的工作效率与质量，也能够在第一时间发现数据信息计算中存在的弊端，这也是现代社会发展进程中一种比较新颖的方式。新时代的财务管理人员已经不再像传统工作中，由单一的财务管理衍生到企业业绩管理层面上，而是从根本上突破了传统的管理会计工作中的基本运行状况，更加真切地发挥出了管理会计工作中的优势与价值，真正地彰显出了管理会计人员对大数据信息技术了解的重要性。

（四）完善会计信息保护与管理制度

完善会计信息保护与管理制度，是在新时代的大数据发展背景下进行与开展的。通过相对完善的会计信息管理系统工作，是现代企业在激烈市场竞争中，占据稳固地位的首要选择。主要就是巧妙地运用现代化的计算机技术，对其中各种数据信息进行合理的分析与巧妙的划分，更加真实地让企业内部的会计信息管理中的安全隐患得到根本上的改善。而最主要的措施就是，企业提前做好相应的风险信息安全排查，保证会计信息管理工作的安全性与稳定性。一旦在这一过程中出现任何可能性的危险问题，能够在应急预案的帮助下，更加顺利地完成对会计信息管理工作的保护。

除此之外，为了能够更加全面地预防企业内部的会计信息被其他非法用户通过技术手段进行篡改或者改造，更加全面地降低企业自身工作的安全隐患，相关的领导人员需要不断地增强对大数据信息系统的运用，保证内部数据储存空间的完整性，提升企业的综合竞争能力。最后，在企业内部的数据信息储存当中，需要经常保存用户的个人信息，这些信息作为用户的个人隐私需要经过加密处理，以防止数据信息盗取或者意外泄露等的问题。

（五）积极培养专业人才

在现代社会的发展进程当中，人民群众越来越注重生活品质的提升，而社会的发展也需要越来越多综合素质能力过硬的专业技术人员。很多企业在发展进程中出现问题也都是因为其内部工作技术人员的综合素质能力较低，严重制约了企业的稳定发展。所以，如果想要从源头上改善这种问题，相关的管理部门就应该更加注重对高素质管理人才的培养。合理的人才技能培训，以及专业技能知识的讲座，能够更进一步地发挥出管理会计自身工作的优势与价值，也能够为企业的决策工作提供有效的帮助。

我们国家在长久的发展过程当中，也开始更注重企业管理者与决策者的工作，而他们对于企业的长久发展有着非常大的影响。现代化的社会企业如果想要从根本上提升自身的市场竞争能力，就应该以高薪聘请专业的管理会计人员，让他们能够更加全面地帮助企业进行科学的预测与正确的决策，打造出更加完善的企业发展运行环境。与此同时，企业领导人员定期对员工进行专业知识技能的培训，以及大数据知识的引导，能够更好地激发企业管理会计人员的工作积极性，为我国管理会计的长久发展提供帮助。

综上所述，大数据时代的到来给我们的生产与生活都带来了非常直接的影响，最主要的还是为我们的生活与工作提供了便利的条件。尤其是在对数据信息的分析过程中，企业领导人员应该积极地增强对管理会计管理人员的重视，让每一位员工都能够更加真切地发挥出自身的作用与价值。为了能够更好地提升管理会计人员的地位，在面临机遇与挑战的同时，企业还应该制定出更加完善的管理与治理措施，从源头上增强企业自身的经济与科技实力，提升在社会主义市场经济竞争中的地位。

第三节 人工智能视角下的管理会计发展趋势

人工智能技术是计算机模拟人类的思维方式，使机器可以自主思考、判断、预测。管理会计作为企业内部管理的核心，在规划、控制、决策、评价等方面发挥重要作用，对企业的战略发展至关重要。传统的管理会计由于存在信息共享滞后、数据处理工作效率低、信息化水平低等不足，成为当下企业亟须解决的问题。而人工智能技术为企业信息系统的开发和使用提供平台及技术支持，能够解决传统管理会计当前面临的困境。因此，企业应紧跟技术发展的步伐，推进人工智能技术在管理会计工作中的运用，实现智能化、集中化、专业化管理，提升企业管理水平，为企业创造经济效益。

一、传统管理会计存在的局限性

（一）平台系统异构化

通俗来讲，平台系统异构化是由于企业销售部、研发部、运营部等每个部门使用不同的信息系统导致的。信息系统的不一致导致管理会计涣散、缺乏规范的指导，异构化下企业各部门间系统数据相互独立，在信息的共享和传递上联系不及时，这也就导致部门间的信息无法实时共享，使其数据传递、更新、共享滞后。同时，基于各部门对数据统计的要求不同，可能导致数据储存、数据处理、统计依据各不相同，造成收集的数据缺失，导致信息失真。信息是企业生产经营的基础，传统的管理会计下信息流通性本来就弱，平台的异构化使企业形同一盘散沙，只有统一门户、统一流程、统一入口和统一管理，建立数据中台，实现信息的互通共享，企业才能达到力往一处使的繁荣景象。

（二）传统数据加工模式低效化

随着经济全球化的发展，行业竞争日益加剧，如果管理者不重视信息化发展，管理会计依然采用传统数据处理方法进行数据分析，就不能推动企业创新发展。究其原因，管理会计对数据进行加工处理，是基于传统手工录入、常规计算方法，容易出现数据重复、数据混乱、数据遗漏等情况，从而影响数据准确性，造成管理会计报告质量参差不齐。另外，由于各部门系统的异构化，管理会计在数据收集、数据获取、数据整理等环节可能造成数据缺失，导致数据交换滞后；而运用人工智能技术能够实现数据自动处理和更新，不仅准确率高，而且能够实现数据储存持久化。简而言之，传统数据加工缺乏准确性、系统性，造成数据质量科学性水平低；而数据加工是管理会计分析的基础，影响管理会计对企业经营活动的判断，不利于管理会计制定决策。

因此，传统的数据加工处理效率低下，不利于管理会计按时生成管理报告，影响管理者及时了解企业经营情况，决策速度跟不上市场节奏。再者，人工智能技术在数据处理方面能够实现自动化、实时化，准确度高、时效性强，相比传统数据加工方式更具优势。并且，传统数据加工模式处理能力弱，各部门系统独立性强，无法促进企业生产、销售、财务等部门的有效沟通，不利于企业管理者及时发现经营过程存在的问题，动态掌握内部经营情况。

(三) 管理会计信息水平出现差异化

会计信息水平出现差异化由以下几个方面导致：

一是管理会计应用信息软件水平低。人工智能、大数据、物联网等技术运用到企业的各个业务模块，使企业实现了智能化发展。但管理会计信息技术运用水平还是较低，主要表现在不精通各类管理会计系统，不会进行基础的系统维护，导致管理会计信息化水平发展不均衡。

二是管理会计信息人才缺乏。目前在财务智能化倒逼财务会计转型的背景下，管理会计在企业的作用尤为重要。尽管从事管理会计的人员在增多，但懂信息技术的管理会计人才很少，管理会计的岗位缺口仍然较大。

三是法律环境的影响。在信息爆炸的时代，不法分子冒充公司领导给会计人员下达指令，如果会计人员对信息的真实性判断失误，将使得不法分子通过利用企业内部管理漏洞从事违法犯罪活动，增加企业财务风险；同时，如果员工法律意识淡薄，受到利益的诱惑违背职业道德，就会产生会计信息差异。会计信息水平差异化会滋生虚假会计信息，增加企业运营风险，损害企业品牌形象，甚至会给投资者带来巨额损失。

二、人工智能给管理会计带来的新机遇

(一) 工作模式转向人机协作

人工智能技术与财务工作融合，能够实现票据审核、报表编制、数据汇总等会计工作的自动化。企业可以利用机器学习，助力会计引擎向智能化转变，通过监督式学习识别业务信息，提升会计核算工作效率。而且人工智能技术在图像、音频、文本数据等处理方面

占据绝对优势，通过深度学习自然语言处理类算法，能够自动识别结果，对信息进行加工。由于机器人能持续工作，不会出现疲劳和情绪波动，不仅能够降低企业的雇佣成本，减少人工出错的概率，还能提升企业抗风险能力。通过替代简单、重复的工作，流程的自动化可以解放劳动力，进而使劳动力转向高附加值的工作。

当前，传统的 RPA（机器人流程自动化）技术已不能满足企业发展的步伐。而将 RPA 与 AI 相结合应用到财务工作，可以改变传统财务管理模式，实现财务与管理的深度融合。机器人可以实时监控，通过系统提示风险，引起管理会计的警觉，汇报给企业管理者，使其做出相应的管理调整。当然，机器人是没有应变和创新能力的，决策的制定是依据历史的财务数据和非财务数据，根据模型预测未来企业的业绩情况。在制定重大的企业战略决策时，数据只能作为参考，还应结合现阶段经济环境和企业实际生产经营情况，制定发展战略。在未来，机器人会成为人类生活和工作的伙伴，人机协作的工作方式将会常态化。

（二）实现企业内涵式管理

随着科技日新月异的变化，企业采用传统的管理模式不利于内部运营，造成管理低效化。因此，企业应转向内涵式管理，改善企业的管理方式。在信息技术时代，企业应提升获取信息的方式和手段。

一方面，通过构建会计数字系统，利用人工智能、物联网、区块链等技术，实现信息互通共享。企业通过对生产、销售、库存、财务、研发等流程实现一体化管理，从而监测业务活动的每个环节，实施动态管控，实现事后追本溯源。

另一方面，通过人工智能技术，创新企业的管理模式，运用机器学习系统，提高战略制定的准确性。企业通过精细化、智能化、专业化的管理，有利于及时发现生产经营过程中的问题，提升企业经营效益。同时，客户是企业生存发展的基础，通过收集客户资源、同行业信息，分析消费者的偏好，打造自身品牌战略，实现差异化发展。

（三）人工智能助力管理会计升维

人工智能时代，信息更迭，管理会计需要转变思维方式，拓展思维模式。利用人工智能技术的优势，可以进行价值、成本费用、生产活动等多维度分析。通过利用机器学习、神经网络等人工智能技术，挖掘数据的商业价值，用创新思维为企业的经营管理、战略投资、业务规划提供制定策略的依据，实现管理会计的价值。在未来，企业更需要懂信息技术与专业相结合的管理会计人员，这样的管理会计人员不仅需要丰富的管理经验、扎实的理论基础，还要学会运用信息技术手段，熟练使用各类管理会计信息系统，对生产经营活动进行事前、事中、事后全方位跟踪管理，降低企业运营风险。

（四）凸显管理会计的"透明性"

管理会计作为企业经营管理的核心，参与企业经济管理活动，为企业管理者制定决策提供可靠信息。在信息化时代，企业管理者担心重要信息的泄露。商业机密作为企业发展的核心竞争力，对企业的重要性不言而喻。如果管理会计为了自身利益，泄露企业商业机密，将会给企业造成损失，损害企业价值。

在智能时代，企业可以利用机器视觉、语音识别等人工智能技术，对管理会计人员面部表情进行识别，进而对管理会计人员的情绪进行记录分析。企业利用系统显示的动态监测图，预测提示潜在风险，降低管理会计人员违反职业道德的可能性，从而提高企业商业机密的安全性，实现管理会计工作透明化。

三、人工智能视角下管理会计的发展对策

（一）建立数据中合，进行信息化管控

在信息化加速发展的智能时代，管理会计向智能化转型成为必然趋势，数据中合成为管理会计创新应用的主要途径，也成为人工智能时代发展的新趋势。基于数据中合能够解决各部门数据割裂问题，将财务数据和非财务数据进行综合挖掘分析，制定科学的战略目标，创造企业价值。

尽管我国的管理会计在信息化方面也取得了一定的成果，但由于各个企业发展状况不同，管理会计信息化水平低导致各个部门缺乏系统的规划和联系，大中型企业基于 ERP 系统获得的数据存在时效性差和自动化程度低的缺陷。并且企业部门之间系统异构也存在信息共享程度低、反馈滞后、重复传送等问题，这也是造成许多传统企业信息化管理滞后的关键因素。

运用数据中合能够实现数据高效汇集、共享与监管，有利于管理会计制定经营决策以及战略规划。数据中合不仅能够支持前合的有效运行，也能为后合的部门提供有效支撑。另外，建立数据中合不但能打通企业信息孤岛，还能获取更准确、有效、快捷的数据信息。因此，在人工智能时代，数据中合是提高企业管理水平、实现创新发展不可或缺的新趋势，基于数据中合进行信息化管控，可以为管理会计制定决策提供实时准确的数据支撑，推进企业信息化发展。

（二）利用人工智能算法，助力职能智能化

随着人工智能技术应用范围日渐扩大，人工智能算法可在财务领域发挥优势，通过数据挖掘，为企业的经营管理、战略规划、融资决策提供可靠性建议，助力管理会计实现智能化发展。

管理会计在分析企业经济活动和制定战略决策时，需要对大量的数据进行加工处理。利用人工智能算法赋能管理会计工作智能化，可以确保数据信息的准确性及有效性。在信息化时代，诸多企业都运用各类人工智能算法进行数据挖掘，分析数据潜在价值，不仅提高数据资源的利用率，还节约内部管理成本，增强企业竞争力。比如利用聚类、回归、随机森林、决策树和神经网络等算法，对企业进行预测分析和财务风险预警，降低企业经营风险。在人工智能时代，企业的管理会计可以借助不同的算法工具，充分利用各类算法的优势，实现业财管理深度有机融合。通过神经网络算法预测现金流，加强资金管理；利用回归模型分析财务指标，识别财务风险；随机森林相对其他算法，预测的准确性更好，能够处理高维度的数据。

管理会计在企业的经济决策、预算管理、筹划未来等方面发挥管理价值，企业通过运用人工智能技术，使各类算法服务于管理会计工作，实现管理会计职能智能化，是企业管理创新的核心驱动力。

（三）积极培养信息化管理会计人才

从会计的发展来看，随着业财一体化和信息一体化的不断推广深入，管理会计不能只处理业务后端，业务处理流程和业务前端的不断渗透也影响了管理会计的发展趋势。这就需要管理会计人员不仅要具有专业能力、管理能力和业务能力，更要具备信息化能力，成为全方位管理会计人才。

信息化管理会计人才通过智能技术贯穿于企业管理活动，能够及时发现经营管理中存在的不足，用丰富的理论知识和管理经验解决经营活动遇到的问题，提升内部管理效能。企业的成功离不开合理的战略规划，管理会计人才成为企业价值创造的源泉。

可通过以下措施，培养信息化管理会计人才：首先，提升管理会计信息软件的应用水平。数据是进行信息分析的前提，企业发生的业务多而复杂，管理会计对数据的梳理、加工、分析要求非常高。因此，企业对管理会计的计算机应用水平也有一定的要求，要提升信息化应用水平，熟悉各类管理会计软件操作系统。其次，注重对管理会计专业人才建设。从学校层面，开设人工智能、大数据等与财务管理结合的课程，提高学生的信息系统

实操能力和专业素养，才能做到与社会需求对接，在企业事业单位的建设中体现应有的价值。最后，提升法律意识。单位相关负责人可以组织开办讲座，邀请专家到单位宣传信息法律知识，提高员工的信息鉴别能力及法律意识；同时，单位要加强信息系统安全建设，定期对信息系统进行维护，防止信息泄露。

总之，人工智能技术是促进社会经济发展的新引擎，在管理会计方面，人工智能技术也发挥着巨大的价值，人机协作的方式将成为主要工作模式，实现内涵式管理，拓宽了管理会计的思维方式，多维度地思考制定决策。通过人工智能技术识别，管理会计透明性凸显，可以提高企业的商业机密安全性。在未来，企业运用人工智能技术，建立数据中台，实现信息化管理；运用算法，使预测、决策、规划等管理会计职能智能化。同时，企业应注重管理会计人才培养，提升管理会计专业水平，助力企业可持续发展。

第四节 "双循环"下管理会计发展的新契机

一、"双循环"新发展格局下的管理会计研究意义

基于我国企业在全球产业链和供应链中的布局，以及全球价值链的变化和重塑趋势，我国提出了以国内大循环为主体、国内国际双循环相互促进的发展战略。这一战略旨在充分利用两个市场和两种资源，为我国经济的可持续发展提供新的发展动力。当前，"双循环"的一项重要内容是通过产业集群的培育与壮大来承载全球产业链收缩后回归的我国中小跨国企业，彰显"蓄水池"的积极功效。这样有助于构建更加完善的产业与技术结构，为供给侧结构性改革增进产业集群功能提供新机遇。"双循环"的内向化特征为管理会计增强产业集群内部的管理控制功能提供了发展契机，产业集群吸纳的中小回归企业迫使区域产业的稳态结构发生改变，推动着产业集群的变迁管理。"双循环"将促进产业集群优化升级。与传统"双嵌入"[①]模式下的产业集群相比，目前正处于领跑地位的我国部分产业集群或企业，要充分发挥其在产业链中的主导优势[②]。结合"双循环"特征，重新定位管理会计的功能作用，通过产业集群这一中观层面来上联宏观政策规则，下接微观企业的

[①] "双嵌入"是改革开放初期沿海地区企业嵌入全球价值链的一种外在表现，即企业既嵌入国内主导的产业链，同时也嵌入全球跨国公司、发达国家主导的产业链。

[②] 对于领跑型产业集群，政府应当引导其将总部设在国内，工厂集中于工业园区，增强抗不确定性风险能力，以及主动融入全球价值与创新链的节点之中。

经营实践，是新时期管理会计发展面临的新机遇。加强"双循环"新发展格局下的管理会计研究，具有重要的理论价值和积极的现实意义。

从实践上看，"双循环"为管理会计结构优化提供了契机，使管理控制系统与信息支持系统的"二元论"有了坚实的基础。以国内大循环为主体，需要进一步挖掘内部市场潜力，发挥管理会计规划、控制、决策与评价功能的积极作用。亦即，能够从管理控制系统视角寻求未来发展的新机遇，从信息支持系统视角强化和巩固互联网生态与智能体验平台的市场潜能。同时，引导国际产业链回归中的中小跨国企业尽快适应国内市场，锁定发展目标，并在"走出去"的新征途中重新布局，努力向全球价值链高端攀升。

从理论上讲，以内循环为主并非排斥外循环，而是资源聚焦效应在特定时期的内向变迁过程。通过"双循环"的战略配置与优化，可以为管理会计决策与控制系统提供更有效的理论支撑。"双循环"下传统产业集群组织间管理会计的内涵与外延将发生改变，并在竞争强度及范围上影响管理会计的功能系统，进而对产业集群成本管理、风险控制等方面带来挑战，使管理会计理论与方法体系的构建面临新契机。

二、"双循环"的特征及其管理会计定位

在"双循环"新发展格局下，以国内价值链为依托的产业集群，将成为扩大内需、挖掘市场潜能的重要载体。从管理会计的战略性原则来看，当前的重点是培育本土的"链主"企业，使大批的"隐形冠军"企业规模化、显性化。

（一）"双循环"模式和"双嵌入"模式的异同

改革开放以来，我国企业尤其是沿海省份的民营企业参与国外大循环的方式属于一种"双嵌入"的经济发展模式，表现在产业链的实践中是某一企业既嵌入地方产业集群，又嵌入国际产业集群。这种"双嵌入"的发展模式对"双循环"经济模式的构建具有重要的参考价值。全球产业链正在发生两个明显的变化：一是在级向分工上趋于缩短。即受外部环境不确定性与不稳定性的影响，全球产业链存在明显的收缩现象，回归产业集群的趋势在增强。二是在横向分工上趋于区域化集聚。在此背景下提出"双循环"模式有其积极的现实意义，它与传统以出口导向为主的产业集群发展战略有显著差异。"双嵌入"是沿海地区企业通过"两头在外"的经济推动方式，自觉或不自觉地加入各种产业集群。"双循环"则通过以退为进的策略，以国内大循环为主体，有序调整产业结构和发展方向。

"双嵌入"与"双循环"两种发展模式的异同如图 3-1 所示①。

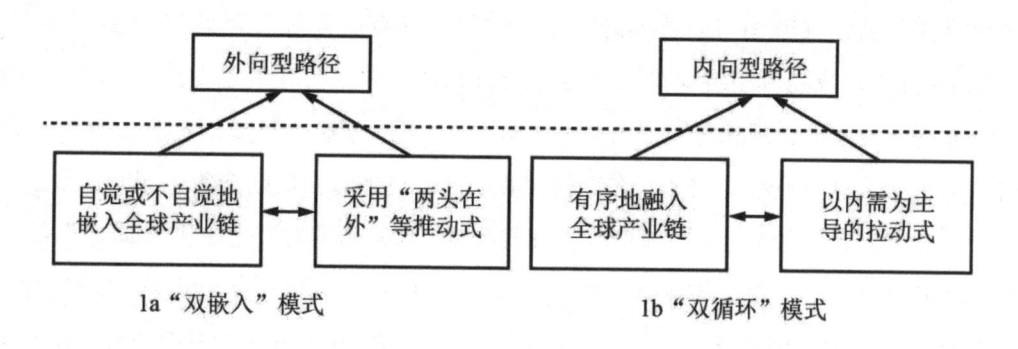

```
        外向型路径                          内向型路径
    ┌──────┴──────┐                  ┌──────┴──────┐
  自觉或不自觉地    采用"两头在         有序地融入        以内需为主
  嵌入全球产业链    外"等推动式         全球产业链        导的拉动式

     1a "双嵌入"模式                      1b "双循环"模式
```

图 3-1　"双嵌入"与"双循环"模式的对比

图 3-1 表明，传统的产业集群是市场化导向下"外向化"的产业嵌入模式，受制于全球价值链的束缚，往往被产业链中发达国家的大企业所控制。目前，我国大多数产业集群仍然处于加工制造的低端，收益实现依靠的还是低成本战略。亦即，"双嵌入"的产业集群，其"链长"主要是海外的大型跨国企业。在经营活动方面，国内企业或产业集群组织的主要任务大都是按订单生产。在"双循环"的新发展格局下，全球产业链、供应链需要重构，产业集群组织或企业必须自主性地开展经营与生产活动，此时，管理会计变得更加重要。图 3-1 中的 1a"双嵌入"与 1b"双循环"模式，在外向型与内向型路径的形成过程中具有异质性。作为外向型路径的"双嵌入"经济发展模式有以下特征：首先是改革开放初期，即 20 世纪 70 年代末 80 年代初。主要体现为"三来一补"，即来料加工、来样加工、来件装配和补偿贸易，是我国沿海地区早期尝试性创立的一种企业贸易形式，最早出现于 1978 年。代表性的法规有 1979 年 7 月 1 日第五届全国人民代表大会第二次会议通过的《中华人民共和国中外合资经营企业法》等。其特点是以单一企业嵌入全球产业链为主。其次是改革开放中期，即 20 世纪 80 年代中后期。1988 年，我国开始实施沿海开放战略，大力引进外资举办（创立）企业，采取"两头在外，大进大出"的基本方针。财务会计改革也起步于此。当时外国投资者很难看懂中国的会计报表，不利于外国投资者在中国的发展。财政部 1992 年颁布实施了《外商投资企业会计制度》，1985 年发布的《中华人民共和国中外合资经营企业会计制度》同时废止。这一阶段外资主要是与国营企业进行生产合作，逐步形成产业联合。当时，沿海省份也有一些私营企业参与外资企业的活动，但名称上一般冠于街道、乡镇等政府"符号"，俗称"戴红帽"。此时，"外循环"嵌入的主体是国外大公司为主导的产业集群。最后是改革开放后期，即 20 世纪 90 年代至今。这

---

① 冯巧根."双循环"下管理会计发展的新契机［J］.会计之友，2022（6）：96~103.

一时期开始尝试构建产业集群。基本的动因是国内的外资企业已经发展到一定阶段，他们开始关注生产协作等效率与效益问题。主要政策措施有国务院发布的 2005 年第 3 号文《国务院关于鼓励支持和引导个体私营等非公有制经济发展的若干意见》等。这一时期，改革开放进入深水区，国际之间市场竞争加剧。为了进一步扩大市场，企业开始在市场机制下主动嵌入全球产业链（比如，在产权性质上进行更加自由的组合等），以寻求成本最低的生产基地。代表性制度主要有制度型开放政策，颁布新的外资企业法，即《外商投资法》（已于 2020 年 1 月 1 日执行）等。《中华人民共和国中外合资经营企业法》（1979年）、《中华人民共和国外资企业法》（1986 年）、《中华人民共和国中外合作经营企业法》（1988 年）同时废止。

"双嵌入"的管理会计特点是：以成本管理与控制为主，实施低成本战略，企业组织之间的交易成本低，性价比高。近年来，传统的"双嵌入"模式开始在政府引导下转变为"双循环"的新发展模式。作为内向型路径的"双循环"经济发展模式，其特征表现如下：一是以"主动"调节"被动"。在新的国际形势下，主动引导那些受国际产业链阻碍、供应链面临中断风险的我国跨国企业向国内或周边国家（地区）靠拢。二是以"内需"带动"外需"，以"进口"拉动"出口"。通过国内大循环（内循环）挖掘市场潜能，稳定外资，保障就业，促进国内需求在制度型开放背景下行稳致远。代表性的是基于"制度型开放"战略每年定期召开的"进博会"且以这类平台吸纳全球高端的生产要素等。无疑，"双循环"将以国内市场为"主战场"，通过内需与外需的相互促进，在人类命运共同体理念的引领下，坚守经济的全球化格局不松动，以更大的力度或步伐推动外循环经济的发展。此时，管理会计的重要性凸显，产业链的协作和供应链的管理效率与效益将获得提升。比如，组织间管理会计、供应链成本管理等迎来新的发展机遇。

（二）"双循环"对产业集群的影响

产业集群在"双循环"格局下的管理会计功效，体现在集群区域及其企业自主治理的主动性与有效性得到提升。"双循环"的关键着力点在于提升产业集群的现代化水平，即以产业集群为载体实现由产业链向创新链攀升。当前，企业为了在全球价值链中保持竞争力，需要以"内循环"来助推"外循环"。或者说，欲促进产业链的发展，除了提高企业科技含量外，压缩成本费用、挖潜增效等仍然是重要途径。全球产业链收缩的内涵是产业链呈现横向变短、纵向回缩的情境，开始逐步形成一种"块状结构"。相应地，竞争焦点也将在这些"块状"中展开，竞争将变得更加激烈。以"内循环"为主体，构建国内国际相互促进的"双循环"模式，是我国政府结合国内外环境所作的新战略部署。"双循环"的核心是"内循环",产业集群是吸收全球产业链与供应链受阻回归企业的集聚区域,也是挖掘内需潜力、活跃国内市场的重要场景。

以产业集群作为"双循环"战略的基石,能够保持我国经济的快速增长,使经济真正"循环"起来,减少全球产业链收缩带来的利益冲突。我国产业集群种类繁多,分布领域广。"双循环"通过聚焦产业集群不仅能够促进产业结构转型升级,而且有助于推动管理会计边界扩展,并引导市场主体由单一企业向产业集群方向演进。或者说,借助于产业集群的协同合作,能够使单一企业少花钱或不花钱,提升国内产业组织在全球产业链中的话语权,有效降低区域企业的生产成本和交易成本。产业集群的培育与壮大需要充分关注集群主体"自主治理"的管理会计文化,即通过集群区域企业有效的激励与约束机制,使中断的国际产业链能够在国内寻找到替代的经营主体。同时,调动产业集群区域或企业应对市场的主动性与积极性,围绕产业链布局创新链,努力向全球价值链的中高端攀升,创建自主可控的产业集群。

(三)"双循环"下的管理会计定位

首先,以自主治理为导向的管理会计功能定位是"双循环"下的内在要求。随着"双循环"战略向产业集群及其区域内企业的传导,成本降低的空间缩小,利益收窄。对此,产业链上不同的组织与管理环节,需要管理会计功能系统的积极引导,以帮助企业获取竞争优势。长期以来,我国企业处于全球价值链低端,管理会计内在的分配功能无法得以实现,难以发挥管理会计在自主治理[①]中的应有作用。"双循环"下的管理会计自主研判产业集群区域内企业价值信号的传递功能与效果,有助于约束或抑制集群盲目投资或扩张的冲动。亦即,产业集群在"双循环"的新发展格局下,借助于政府导向与市场机制的配合使产业集群主动开展区域内的自主治理,推动集群区域企业实施更加积极的组织创新与技术创新。技术变革借助于互联网生态和智能体验平台,吸纳回归企业开展新模式与新业态的创新驱动,是一种企业回归融合式变革。"双循环"作为以国内大市场为主体的战略,其产业安全性与主导性由国内大型企业或产业集群引领,此时管理会计的"自主治理"能力受到关注。比如,借助于正向的激励机制传导产业集群的价值创造与价值增值行为。围绕组织结构变革,自主构建小经营主体;结合技术变革,积极培育以网络供应链等

[①] "自主治理"是指产业集群在政府引导与市场机制的配合下,根据自身的实际情况所采取的管理会计措施。既可以是集群层面的管理控制和信息支持等管理会计活动,更多的是通过微观主体(企业)传导的组织治理与技术治理等管理会计活动。海尔集团提出"自进化"目标,构建"生生不息的商业生态"就是一种自主治理模式,其特征包括树立"人的价值最大化"、以"人单合一"为基本的商业模式,以及打造符合自身特点的"生态品牌"等。

为核心的各种生态平台等。

其次，管理会计广度与深度的扩展是"双循环"战略下的自然延伸。"双循环"下的管理会计不再局限于单一企业的管理控制系统与信息支持系统功能，而是通过国内大循环为主体不断形成新的经营模式和商业业态，使管理会计控制系统和信息支持系统不断向两端延伸，进一步拓展管理会计的广度与深度。从管理会计的广度来看，配合"双循环"发展的新要求，管理会计功能将进一步向外延伸，比如适应国内大循环为主体的要求，积极探索"一带一路"沿线的管理会计工具方法创新，主动配合外循环发展的需要，加强税收、贸易规则等行为活动中的管理会计战略安排等。从管理会计的深度来看，积极开拓国内外大市场稳定就业，保证全球产业链遇阻回归的跨国企业有去处，优化产业集群的规模并实施结构调整；通过产业集群的自主治理，引导回归企业重返产业链的既定轨道，获取应有的经济效益。客观地说，"广度"与"深度"往往是相互交融的，比如，跨境电子商务作为推动经济一体化和全球化的重要技术手段，极大地提升了本土企业进入国际市场的速度。自2015年以来，中国先后有近100个城市设立了跨境电子商务综合试验区，试验区利用"互联网+"搭建了线上"单一窗口"和线下"综合园区"等平台。再比如，我国通过上海进博会和自贸试验区（港）扩容（目前已有21个自贸区）等进一步改革开放，为"双循环"战略走向深入提供了基础保障。

三、"双循环"下的管理会计行为优化

经济发展的主体是企业，力量在于市场，通过保护企业的合法权益和鼓励公平竞争，能够激发企业创造财富的积极性，增强管理会计的控制功效，优化管理会计信息支持行为。

（一）基于信息支持系统来看

在"双循环"新发展格局下，管理会计可以通过集群组织间的管理会计来重新定位供应链，通过内循环来寻求新的外循环。一方面，管理会计通过挖掘内需潜力，沿着"一带一路"倡议增进海外投资的深度和广度，为内循环与外循环的融合，以及寻求更大的全球化市场提供财富增长的激励机制。另一方面，通过"进博会"等形式以内需市场换取全球先进的生产要素。同时，加快改进国内的收入分配结构，充分发挥出中国人口规模的潜在市场优势。对此，管理会计应适度放宽边界，从宏观与中观视角构建技术方法体系。或者说，借助中国巨大的规模市场优势，管理会计工具创新要从组织机制上谋求新动能，比如

优化和完善"链长制"① 等管理控制形式，并在不断扩展产业集群、繁荣经济活动的同时，为我国经济的内循环提供动力，进而带动外循环的运转，实现全球价值链的重新复苏与有序运转。

"双循环"下的管理会计信息支持系统要及时掌握各种政策与市场变化相关的信息，积极争取政府的各种资金补贴，以及金融机构等提供的融资优惠政策，在产业集群扩张过程中加强与地方政府合作，把握市场准入的有利机会。管理会计要结合全球产业链收缩的新情况，帮助区域企业组织谋划产业或产品发展方向，积极申请各项产业发展优惠政策和资金支持。并且，通过提升产业链、供应链的现代化水平主动向创新链转化，使一部分集群区域的头部企业成为领跑型企业。管理会计信息支持系统要为企业协同创新、技术品牌建设等进行合理谋划，并为重构全球供应链等提供信息支持和管理控制方法。

（二）基于管理控制系统来看

"双循环"新发展格局将使企业收入取得与成本耗费的结构发生改变。积极的效应是能够保障国内就业，稳定外资不外流，增强科技领先企业的产业自主控制能力；存在的不足是有可能带来国内经济增速暂时下滑，企业的价值增值空间收窄等。从微观视角分析，国际分工带来的溢价可能会"丢失"，规模经济与比较优势理论场景中的价值效应减弱或消失，交易成本增加，财务收益降低。从宏观视角思考，有失必有得。亦即，通过将产业链收缩回归的企业聚集于产业集群之中，不仅能够提高专业化水平，而且符合缩短供应链的自主可控要求。管理会计的控制系统要客观评价这种由政府发挥资源配置主体作用的价值行为，注重增量带动存量，谋求可持续发展的积极作用，比如避免或消除企业非效率投资等。从宏观与微观综合视角考察"双循环"对相关收益与成本的影响可以归集见表3-1。

表3-1 "双循环"对企业收益与成本的影响

类别	企业层面	国家层面
收益效应	短期下降、中期稳定、长期向好	就业、技术安全增加
成本效应	交易成本等增加	转换成本、减税降费成本

结合表3-1观察企业的生产成本可以发现，由于"产品内分工"趋势受阻，生产空间"块状结构"明显，传统以外包等各种方式实现的规模效应等溢出效应"丢失"，同时

---

① "链长制"最早出现在浙江省，要求产业集群区域确定一条特色明显、有较强国际竞争力、配套体系较为完善的产业链作为试点，链长则建议由该开发区所在市（县、区）的主要领导担任。目的在于推动区域块状特色产业做大做强。

交易成本增加。由于回迁企业的融入性不匹配（有的跨国企业市场在外），产业集群原有分工协作关系面临重构，各种摩擦成本等开始增加。收益主要体现在我国的制度优势方面，强调国内大循环为主体，就是突出我国的制度执行效率。比如，"双循环"下的国家产业安全性提高，企业自主可控的管理成本降低，社会稳定性增强。因此，为了实现经济的可持续发展，需要增加面向未来的管理控制手段，比如开发与应用前瞻性的管理会计工具。即面对突发性事件，管理会计要配置相应的工具方法，以提高应对不确定性的能力。

四、"双循环"促进管理会计发展的策略

"双循环"新发展格局是一种内向化的经济发展战略，它与管理会计的定位具有高度的吻合性，其联结点是产业集群，即区域集群下组织间管理会计的发展。换言之，"双循环"对管理会计的创新可以从理论、方法与知识扩展层面加以阐述。

（一）建立宏观、中观与微观结合的管理会计理论框架

理论不但来自传统学科，也来自现实。管理会计要从传统着眼微观视角研究企业和工具方法的应用转变为从产业集群整体视角考虑管理会计及其理论与方法体系的构建[①]。可以从管理会计的国际比较中汲取智慧，通过对现实问题的研究来推动理论创新。比如，从全球经济发展规律上考察，管理会计理论框架是如何形成与发展的，低端与高端的价值创造和价值增值应当如何协调或相互促进。再比如，不同国家或区域，以及不同组织之间的价值创造有什么特点，当今世界贸易体系中大型区域自贸协定对管理会计会产生怎样的影响等。此外，应当积极关注全球价值链的变迁轨迹，在"双循环"的新发展格局下优化各种产业集聚形态的组合模式，从宏观、中观与微观的立体层面入手打通各种开发区、高新区与自贸区的联结通道，促进区域经济与全国经济的统一与协调发展。从宏观、中观与微观的管理会计政策来看，宏观与中观层面的管理会计理论和方法一部分来源于国务院以及国资委、财政部等的政策制度，属于专门性的规范，比如财政部颁布的《管理会计基本指引》和"管理会计应用指引系列"等；另一部分属于综合性的政策制度，主要散见于公司法、证券法、税法以及证券交易法等的相关法律、法规之中，比如有关购并重组、上市公司融资等方面的管理会计理论与方法。微观企业的管理会计政策主要是指企业根据自身实践总结、提炼，或者借鉴使用而形成的管理会计政策方针。近年来，宏观管理会计政策

[①] 管理会计正处于制度建设的关键期。发挥管理会计的功能作用不能局限于微观企业层面，尤其在"双循环"新格局下更是如此。强化立体思维的管理会计理论与方法体系建设，对于规范企业行为，统一产业集群（包括各种开发区、自贸区等）相关的政策制度具有积极的现实意义。

最具代表性的是 2016 年 8 月国务院发布的《降低实体经济企业成本工作方案》（以下简称"方案"）。对比该"方案"当前应对突发事件所采取的减税降费、资金扶持等政策均属于宏观层面管理会计理论与方法的内涵，应主动将其纳入管理会计体系构建的范畴，并成为管理会计研究的一项重要组成部分。

在结合产业政策拓展管理会计的宏观与中观理论方面，首先需要对现有产业集群进行调查摸底，理论界要积极配合，对产业集群形成的结构性价值动因与执行性价值动因进行深入剖析，以寻求未来中国产业集群发展的方向。其次要积极总结"双嵌入"的成功经验，对目前嵌入方式仍然维系的产业集群要加大转型力度。要实施好四大战略：一是"引资紧链"。为外资提供上下游配套的"溢出"效应。二是"技术补链"。通过找差距与补短板，寻找集群自身缺失的关键技术与关键环节。三是"市场强链"。以"进"促"出"是当前比较现实的一种方式或手段，一方面通过扩大内需市场逐步替代过去单纯的出口导向，另一方面改变"走出去"的方式或路径，将国内互动与国际联动紧密嵌套在一起，比如东部沿海地区与内地，以及东北地区的经济互动与循环等，促进内部大循环的有效运转。四是"组织固链"。从纵横两个层面进行交叉固定，使组织机制更具弹性。此外，在我国"链长制"的基础上，通过国内"链长"与国外"链长"的沟通交流，提高我国产业链在全球产业链中的地位，增强中国产业集群在全球价值链中的话语权。

国有企业是构建管理会计宏观与中观层面理论的重要载体。欲增强管理会计的权变性，必须处理好放宽边界与强化管理控制的关系。管理会计的功能系统要适应环境的变化主动实施理论与方法边界的变迁管理。宏观与中观的管理会计发展需要密切关注大型国有企业的改革动向。以国资委"对标管理"为代表的理论框架，是构建宏观与中观管理会计理论框架的核心内容之一。

（二）规划并完善管理会计的应用指引体系

自 2016 年财政部颁布《管理会计基本指引》，2017 年、2018 年陆续发布"管理会计应用指引系列"以来，我国的管理会计工具及其方法组合已经基本成形。然而，这些工具方法和以往存量的管理会计工具具有一个共性，即仍然是传统制造业环境下段。对此，亟须结合 2021 年 11 月财政部发布的《会计改革与发展"十四五"规划纲要》调整现行应用指引中的工具系列组合，增加诸如产业集群方面的管理会计工具指引。亦即，按照产业集群跟跑、并跑与领跑的产业链特征，重新布局管理会计工具组合。换言之，改革开放 40 多年来，中国制造业企业已经走出了一条由"中国制造"到"中国创造"的道路。有学者研究认为，我国企业或产业目前的创新能力呈现出"传统产业领跑、中端产业跟跑并跑、高端产业跟跑为主领跑为辅"的"前高后低的倾斜 V 型"态势。"双循环"格局下的"互联网+"和"智能+"需要坚持管理会计的战略性原则、适应性原则、融合性原则，以及成本效益原则，主动服务于产业政策，通过因业制宜、因企制宜，按照数字化改革的要求推进管理工具的创新驱动。比如，针对"双循环"发展格局下培育、壮大的产业集群，开发领跑型产业相关的管理会计工具，加强对数字资产管理、新兴消费计量等工具方法创新。有学者提出"应将数据资源确认为资产并纳入财务报告进行列报"[1]，数据资产已事实上成为企业重要的经济资源。结合 2018 年 3 月国际会计准则理事会（IASB）[2] 新修订的财务报告概念框架，其资产定义也能够包容"数据资产"的内涵与外延，即"资产是指企业由过去的事项形成的、企业可以控制的一项现时经济资源，其中经济资源是指一项具有产生经济利益潜力的权利"。这一概念定义适应了新经济时代数据资产在内的许多新情境，即数据资产结合消费者特征，在发现价值与创造价值的同时，实现企业价值的增值。因此，可以在现有的管理会计工具方法体系基础上，加强管理会计工具的创新驱动，即可以考虑增设新工具或结合现有工具进行整合创新，前者如数字资产管理，后者如财务增加值。财务增加值是对经济增加值进行的工具拆分，事实上，我国一些学者已经认识到经济增加值的局限性，如王化成等[3]在构建财务管理理论结构时就提出增加"薪息税前利润"指标的设想。作为管理会计工具可以更直接一些，即将薪酬、税金、利息等"财务增加值"直接作为工具加以评价与考核，以体现企业管理者的经营能力，这也是"双循环"格局下优化分配、促进消费、拉动投资等所需要新增的指标内容。可以说，"双循环"提升了中国管理会计在全球会计体系中话语权的自觉性，并为国内大市场为主的全球产业链、供应链活动提供了基础保证。因此，可以考虑率先由管理会计对数据资产进行规范，通过管理工具创新进行方法探索与应用，并且正确处理好工具理性与价值理性的关系，待时机成熟再由财务会计加以应用。

（三）大力推进数字生态下的管理会计体系建设

如果说构建中观与宏观的管理会计理论和方法体系是增加广度的话，推进互联网与智能平台建设便是管理会计向深度扩展。以物联网、云计算和大数据等技术为基础的数字生态为"双循环"新发展格局下的管理会计注入了新活力，通过互联网平台能够开拓企业的

---

[1] 张俊瑞，危雁麟，宋晓悦. 企业数据资产的会计处理及信息列报研究 [J]. 会计与经济研究，2020（3）：3~15.

[2] 国际会计准则理事会（IASB）是制定及批准国际财务报告准则的一个独立的私营机构。国际会计准则理事会在国际会计准则委员会基金会的监督下运作。

[3] 王化成，张伟华，佟岩. 广义财务管理理论结构研究：以财务管理环境为起点的研究框架回顾与拓展 [J]. 科学决策，2011（6）：1~32.

思维，增进对国内大循环发展新格局的认知。要发挥管理会计管理控制系统的积极作用，在精细化管理的基础上向精益化转型。数字生态是社会化分工和合作的内在要求，是一种创新机制，它能够给回归的跨国企业提供快速适应产业集群发展特征的能量，寻找国内外市场的新机会，也有助于增强回归企业的自信心和竞争力。推进数字生态的管理会计体系建设，需要始终将"双循环"理念嵌入管理会计的信息支持系统和管理控制系统之中，增强管理会计在国内大循环中的主动性与有效性。"双循环"下数字生态的经济特征表现在：传统的链式管理会计工具向更有利于社会分工与合作的数字生态转变，管理会计工具需要主动转向平台服务，加快开发网式管理会计工具，并且重塑管理会计的理论框架和知识体系。以国内大循环为主体的数字生态促进了商业模式、经营业态的不断创新，各种建立在此基础上的组织间资本共享、零成本组织等技术或理念，不断丰富与扩展管理会计理论和方法体系。

相对而言，数字生态的管理会计体系构建要难于互联网生态，尤其是人工识别、智能学习等技术手段对管理会计的管理控制系统和信息支持系统带来挑战。从互联网自身的进化阶段分析，大致需要经过信息互联网（PC互联网、移动互联网）、物体互联网（物联网、人工智能）和价值互联网（区块链、5G等）。当前"双循环"的实施需要借助国内大循环实现互联网生态与智能生态的融合，未来进一步向价值互联网方向延伸。在"双循环"新发展格局下，无论是扩大内需还是稳定就业，强化智能管理与数字生态的有机融合，通过政府对回归跨国企业的引导，以及市场机制的无形调节，并借助小经营主体或战略单元，可以扩展产业集群的边界，通过云产业集群等方式提供企业价值创造与价值增值的新机遇，这既是全球产业链收缩情况下的企业自主选择，也是产业集群自主治理的重要体现。同时，也给管理会计的发展提供了新的发展空间。一方面，使传统的针对单一企业生产与经营的管理控制系统和信息支持系统的功能扩展拥有了相互促进与协调的契机；另一方面，借助数字生态提升了管理会计的功能作用。比如，智能产品组合管理需要对智能互联产品的收入进行多次确认、计量与报告的规划与控制，同时为信息支持系统的边界管理提供强有力的技术保障。

总之，面对外部环境的不确定性以及全球产业链的不稳定性，中国政府及时调整发展战略，提出了"双循环"的新发展模式。从企业集聚视角考察，"双循环"是一种以国内大市场为主体的经济发展新模式，产业集群和区域经济发展呈现出"块状"化的经济特征。以国内大循环为主体、国内国际双循环相互促进的新发展格局，就是要主动化解国内外的各种不确定性，充分利用自身的内需优势和制度优势，在构建独立的国内经济循环体系的同时，积极参与国际经济大循环，把国内国际循环统筹起来，形成不同于以往的新发展格局。从管理会计角度观察,"双循环"的核心是扩大国内需求潜能,构建一种以国内大市场为主体的新型全球化模式。可以预见,在"双循环"新发展格局下,传统的交易成本以及"级向一体化""产品内分工"等经济学经典理论将发生内涵与外延上的变化。

  换言之,以数字技术为基础的智能生态为"双循环"格局下的管理会计发展提供了新的契机。积极构建互联网平台和数字化平台,有助于开拓企业新的市场空间,进一步畅通国内大市场。即,通过内需带动外需,主动与全球价值链中的"链长"联系,使国内企业集群与全球产业链进行对接并相互选择,以及通过竞争提高产业集群管理会计的效率与效益。"双循环"下的产业集群管理会计研究重点将从国家与国家、全球产业链与供应链等关系方面,转移到面向国内大循环的集群组织或企业的关系上来。努力提高产品质量,把技术水平和生产率牢牢掌握在自己手里,自主可控的产业发展格局是"双循环"战略的重要体现。"双循环"下的管理会计正面临发展的新机遇。

第四章 现代企业财务管理及其环境分析

第一节 企业财务管理的发展历程

随着人类文明时代的到来，财会史也翻开了新的篇章。中国、埃及、巴比伦、印度与古希腊、古罗马发达的农业经济及灿烂的古代文化，极大地促进了财会科学的发展，使财会在国家经济与民间经济中的历史地位得到确立，使其成为世界财会历史的发源地，以及古代财计组织、财计法制建设的摇篮。

在中国，财会思想很早就产生了，在文明古国当中，中国周朝时期的财计组织具有自己的特色，这种组织中的财务行政、会计、国库组织各自形成一个统一完整的体系，并在其间构建了相互制约的关系。这种财计组织制度的建设，财计分工与协调方法的运用，对研究现代的财务管理起到了非常重要的作用。随着封建时代的来临，文明古国建立和完善了古代的财计法制体系并在原有的基础之上，完善了由单纯的财会记账发展到对整个财务过程进行有效的管理的方法体系，并为现代财务管理创造了基本技术条件，在推动世界财会史发展方面做出了巨大的贡献。在封建制度时代，文明古国的财会在世界上具有广泛影响。在欧洲大陆，许多国家的财会制度与方法的建设受到埃及、古罗马及古希腊的影响；在亚洲，不少国家财会的发展得益于中国、印度及巴比伦。现代财务管理的产生及发展与现代经济现代科学发展相吻合，把财务管理理论和财务管理工作及财务管理教育事业推向了历史发展新阶段。但是，值得指出的是，在 20 世纪末和 21 世纪初这段时间内，在大科学、大经济持续发展的大环境下，向着大财务的方向转换已经成为现代财务管理不可抵挡的发展趋势。

财务管理作为一门独立的学科产生于 19 世纪末，发展于 20 世纪。其发展经历了四个不同的阶段。

一、独立职能阶段——以筹资为中心

早在 15、16 世纪，地中海沿岸的城市商业活动便迅速发展，带动了该地区商品经济组织的发展，在意大利的许多城市如威尼斯、米兰、热那亚等都开始出现了公共筹集资金进行商品经营的活动。但由于其资本的需要量及规模并不是很大，筹资渠道和筹资方式比

较单一，在很长的一段时间内，独立的财务管理职业并没有在企业中形成。进入19世纪末20世纪初，在资本主义世界的工业化浪潮的推动下，科技迅速发展。股份公司和信托公司的出现促使企业的生产规模迅速扩充，企业生产经营需要的资金也比以前增加了很多。这种情况导致新的发展动向在公司内部出现，就是如何筹集资本，如何发行股票，如何利用资本市场来筹集更多的资金，而财务管理也被赋予了新的管理职能，这一时期的财务管理理论就是以筹资为中心，以资本成本最小化为目标，并从经营管理分离，独立行使其管理职能。

二、资本控制阶段——以资金运用为中心

20世纪30年代，西方经济发生了史无前例的大萧条，资本市场濒临崩溃，企业财务管理的中心也发生了转移，筹资问题已经变得无关紧要，企业的资金如何运用成为企业财务管理的重点。为了保护投资者的利益，各国政府也加强了对资本市场的控制与监管。这时的企业如何面对危机，适应政府的法律规定，也成为财务管理所面临的重要内容。财务管理在这一阶段不仅要筹措资金，更要在法律允许的范围内对资金加以更好地运用。为了更好地运用资本对资本加以控制，必须优化调整企业的供、产、销等管理活动，并且要借助一些数量模型来进行各种定量分析，这时，财务管理的基本理论与方法开始逐步形成，并运用到企业的生产实践中。

三、实务发展阶段——以投资为中心

20世纪40年代以后，资本市场更加成熟和发达，融资工具与投资方式愈加丰富多彩。此时投资决策在企业财务管理中逐渐取得主导地位，使财务管理的形式更加灵活，内容更加广泛，方法也更加多种多样。在实务方面，强调决策程序的科学化，并且注重货币时间价值，建立了系统的风险投资理论和方法。在这一阶段，资本结构理论的研究取得了重大突破，财务管理的思想也有了重大飞跃。财务管理在思想上也产生了重大飞跃，由此产生的一系列新理论，拓宽了财务理论的研究视野，开辟了财务理论研究的新领域。

四、综合管理阶段——以资本运作为核心

20世纪80年代以后，财务管理的发展方向转变为综合管理。财务管理成为企业管理的中心，并以资本运作为中心发挥工作职能。以资本为中心的资本筹资、资本运作、对资本收益的分配和对资本收益最大化的追求，是财务管理最为关注的。新的财务管理领域随着财务管理视野的不断拓宽而不断出现。企业经营环境的不断变化以及企业管理要求的不

断更新，促使金融市场向更加成熟的方向发展。财务管理理论正朝着新的经济方向发展，并在经济管理中发挥着越来越重要的作用。财务管理在发展过程中不断将个性化的生产因子融入其中，在人力资源、无形资产和风险投资方面开辟和拓展新的领域。信息技术将被财务管理更加充分地利用，并且财务资本和知识资本也会更加融合。这些对财务管理理论来说，是一股新的活力，也是新的思维方向，必将使财务管理继续向现代化方向发展。

第二节　企业财务管理的目标与原则

一、企业财务管理的目标

从经济学和行为学的角度分析，任何一项活动和行为总是在一定的目的引导下的。目标就是人们所期望达到的目的或实现的结果，这种目的或结果又驱动着人们的活动或行为。而按照系统论的观点，正确的目标是保证系统良性循环的基本前提。因此，明确财务管理目标对合理组织财务活动、正确处理财务关系具有极其重要的意义。

（一）财务管理目标的概念内涵

财务管理目标是企业理财活动所希望实现的结果，是评价企业理财活动是否合理的基本标准。财务管理目标直接反映着理财环境的变化，并根据理财环境的变化作适应性调整，它是财务管理理论体系中的基本要素和行为导向，是财务管理实践中进行财务决策的出发点和归宿。财务管理目标制约着财务运行的基本特征和发展方向，是财务运行的一种驱动力。不同的财务管理目标，会产生不同的财务管理运行机制。科学地设置财务管理目标，对优化理财行为、实现财务管理的良性循环，具有重要意义。财务管理目标作为企业财务运行的导向力量，设置若有偏差，则财务管理的运行机制就很难合理。因此，研究财务管理目标问题，既是建立科学的财务管理理论结构的需要，也是优化我国财务管理行为的需要，无论在理论上，还是在实践上，都有着重要意义。

（二）财务管理目标的主要特征

1. 稳定性

任何一种财务管理目标的出现，都是一定的政治、经济环境的产物，随着环境因素的变化，财务管理目标也可能发生变化。例如，西方财务管理目标就经历了"筹资数量最大化""利润最大化"和"股东财富最大化"等多个阶段，这些提法虽然有相似之处，但也有很大的区别。在我国，财务管理的目标过去虽未明确提出过，但在过去计划经济体制下，财务管理是围绕国家下达的产值指标来进行的，可以概括为"产值最大化"。改革开放以来，我国企业最关心的是利润的多少，企业财务管理工作围绕利润来进行，可以把财务管理的目标概括为"利润最大化"。人们对财务管理目标的认识是不断深化的，但财务管理目标是财务管理的根本目的，对财务管理目标的概括凡是符合财务管理基本环境和财务活动基本规律的，就能为人们所公认，否则就被遗弃，但在一定时期或特定条件下，财务管理的目标是保持相对稳定的。

2. 多元性

多元性是指财务管理目标不是单一的，而是适应多因素变化的综合目标群。现代财务管理是一个系统，其目标也是一个多元的有机构成体系。在这多元目标中，有一个处于支配地位，起主导作用的目标，称之为主导目标；其他一些处于被支配地位，对主导目标的实现有配合作用的目标，称之为辅助目标。例如，企业在努力实现"企业价值最大化"这一主导目标的同时，还必须履行社会责任、加速企业成长、提高企业偿债能力等一系列辅助目标。

3. 层次性

层次性是指财务管理目标是由不同层次的系列目标所组成的目标体系。财务管理目标之所以具有层次性，主要是因为财务管理的具体内容可以划分为若干层次。例如，企业财务管理的基本内容可以划分为筹资管理、投资管理、营运资金管理和收益分配管理等几个方面，而每一方面又可以再进行细分，例如，投资管理就可以再分为研究投资环境、确定投资方式、做出投资决策等几个方面。财务管理内容的这种层次性和细分化，使财务管理目标成为一个由整体目标、分部目标和具体目标三个层次构成的层次体系。

（三）财务管理目标的内容体系

1. 整体目标

整体目标是指整个企业财务管理所要达到的目标。整体目标决定着分部目标和具体目标，决定着整个财务管理过程的发展方向，是企业财务活动的出发点和归宿。

企业财务管理的整体目标应该与企业的总体目标具有一致性。从根本上讲，社会主义企业的目标是通过企业的生产经营活动创造出更多的财富，最大限度地满足人民物质生活和文化生活的需要。但是，由于国家在不同时期的经济政策不同，在体现上述根本目标的同时，又有不同的表现形式。

（1）以总产值最大化为目标。

在传统的集权管理模式下，企业的财产所有权和经营权高度集中，企业的主要任务就是执行国家下达的总产值指标，企业领导人职位的升迁、职工个人利益的多少，均由完成的产值计划指标的程度来决定。这就决定了企业必然要把总产值作为生产经营的主要目标。因此，在社会主义建设初期，人们便把总产值最大化当作财务管理的基本目标。

但随着时间的推移，人们逐渐认识到，这一目标存在以下缺点：第一，只讲产值，不讲效益。在产值目标的支配下，有些投入的新增产值小于新增成本，造成亏损，减少利润，但因为能增加产值，企业仍愿意增加投入。第二，只求数量，不求质量。追求总产值最大化决定了企业在生产经营活动中只重视产品的数量而轻视产品的质量和花色品种，因为提高产品质量、试制新产品都会妨碍产值的增加。第三，只抓生产，不抓销售。在总产值目标的驱动下，企业只重视增加产值，而不管产品是否能销售出去。第四，只重投入，不重挖潜。总产值最大化目标还决定了企业只重视投入，进行外延扩大再生产，而不重视挖掘潜力，更新改造旧设备，进行内涵扩大再生产。因为更新改造容易对目前的产值产生不利影响，也不能大量增产。相反，采用粗放式，大量投入则往往使产值指标易于完成。由于产值最大化目标存在上述缺点，因此，把总产值最大化当作财务管理的目标是不符合财务活动规律的，这只是一种误识。

（2）以利润最大化为目标。

利润最大化是西方微观经济学的理论基础。西方经济学家以往都是以利润最大化这一概念来分析和评价企业的行为和业绩的。因为企业是以营利为目的的经济组织，所以这个目标很容易被人们所接受。

随着我国经济体制改革的不断深入，经济体制从高度集中的产品经济转向商品经济，企业的经营权限不断扩大，企业的经济利益得到确认，这使得企业不得不关心市场，关心利润。在经济体制改革过程中，国家把利润作为考核企业经营情况的首要指标，把企业职工的经济利益与企业实现利润的多少紧密地联系在一起，这也使得利润逐步成为企业运行的主要目标。以利润最大化作为财务管理的目标，有其合理的一面。企业追求利润最大化，就必须讲求经济核算，加强管理，改进技术，提高劳动生产率，降低产品成本。这些措施都有利于资源的合理配置，有利于经济效益的提高。

但是，以利润最大化作为财务管理目标存在以下缺点：第一，利润最大化没有考虑利润实现的时间，没有考虑资金的时间价值。第二，利润最大化没能有效地考虑风险问题。这可能会使财务人员不顾风险的大小而去追求最多的利润。第三，利润最大化往往会使企业财务决策带有短期行为的倾向,即只顾实现目前的最大利润,而不顾企业的长远发展。应该看到,将利润最大化作为企业财务管理的目标,只是对经济效益的浅层次的认识,存在一定的片面性,所以,现代财务管理理论认为,利润最大化并不是财务管理的最优目标。

(3) 以股东财富最大化为目标。

股东财富最大化是指通过财务上的合理经营,为股东带来最多的财富。在股份经济条件下,股东财富由其所拥有的股票数量和股票市场价格两方面来决定。在股票数量一定时,当股票价格达到最高时,则股东财富也达到最大。所以,股东财富最大化,又演变为股票价格最大化。与利润最大化目标相比,股东财富最大化目标有其积极的方面,这是因为:首先,股东财富最大化目标考虑了风险因素,因为风险的高低,会对股票价格产生重要影响。其次,股东财富最大化在一定程度上能够克服企业在追求利润上的短期行为,因为不仅目前的利润会影响股票价格,预期未来的利润对企业股票价格也会产生重要影响。再次,股东财富最大化目标比较容易量化,便于考核和奖惩。

但应该看到,股东财富最大化也存在以下一些缺点:第一,它只适合上市公司,对非上市公司,则很难适用。第二,它只强调股东的利益,而对企业其他关系人的利益重视不够;第三,股票价格受多种因素影响,并非都是公司所能控制的,把不可控因素引入理财目标是不合理的。尽管股东财富最大化存在上述缺点,但如果一个国家的证券市场高度发达,市场效率极高,上市公司也可以把股东财富最大化作为财务管理的目标。

(4) 以企业价值最大化为目标。

传统上,人们都认为股东承担了企业的全部剩余风险,也应享受因经营发展带来的全部税后收益。所以,股东所持有的财务要求权又称为"剩余要求权"。正因为持有剩余要求权,股东在企业业绩良好时可以最大限度地享受收益,在企业亏损时也将承担全部亏损,与债权人和职工相比,其权利、义务、风险、报酬都比较大,这决定了他们在企业中有着不同的地位,所以传统思路在考虑财务管理目标时,都更多地从股东利益出发,选择"股东财富最大"或"股票价格最大"。但是,现代意义上的企业与传统企业有很大差异,现代企业是多边契约关系的总和,股东当然要承担风险,但债权人和职工所承担的风险也很大,政府也承担着相当大的风险。

企业价值最大化是指通过企业财务上的合理经营,采用最优的财务政策,充分考虑资金的时间价值和风险与报酬的关系,在保证企业长期稳定发展的基础上,使企业总价值达到最大。这一定义看似简单,实际包括丰富的内涵,其基本思想是将企业长期稳定发展摆在首位,强调在企业价值增长中满足各方的利益关系,具体内容包括以下几个方面:①强调风险与报酬的均衡,将风险限制在企业可以承担的范围之内。②创造与股东之间的利益协调关系,努力培养稳定的股东。③关心本企业职工的利益,创造优美和谐的工作环境。④不断加强与债权人的联系,重大财务决策请债权人参加讨论,培养可靠的资金供应者。⑤关心客户的利益,在新产品的研制和开发上有较高投入,不断推出新产品来满足顾客的要求,以便保持销售收入的长期稳定增长。⑥讲求信誉,注意企业形象的宣传。⑦关心国家政策的变化,努力争取参与国家制定政策的有关活动,以便争取出现对自己有利的法规,但一旦立法颁布实施,不管是否对自己有利,都会严格执行。

以企业价值最大化作为财务管理的目标,具有以下优点:第一,企业价值最大化目标考虑了取得报酬的时间,并用时间价值的原理进行了计量。第二,企业价值最大化目标科学地考虑了风险与报酬的联系。第三,企业价值最大化能克服企业在追求利润上的短期行为,因为不仅目前的利润会影响企业的价值,预期未来的利润对企业价值的影响所起的作用更大。进行企业财务管理,就是要正确权衡报酬增加与风险增加的得与失,努力实现两者之间的最佳平衡,使企业价值达到最大。因此,企业价值最大化的观点,体现了对经济效益的深层次认识,它是现代财务管理的最优目标。所以,应以企业价值最大化作为财务管理的整体目标,并在此基础上,确立财务管理的理论体系和方法体系。企业价值最大化这一目标,最大的问题可能是其计量问题,从实践上看,可以通过资产评估来确定企业价值的大小。

2. 分部目标

财务管理的分部目标是指在整体目标的制约下进行某一部分财务活动所要达到的目标。财务管理的分部目标会随整体目标的变化而变化,但对整体目标的实现有重要作用。分部目标一般包括筹资管理目标、投资管理目标、营运资金管理目标、利润及其分配管理目标等几个方面。

企业筹资管理的目标是在满足生产经营需要的情况下,不断降低资金成本和财务风险。任何企业,为了保证生产的正常进行或扩大再生产的需要,必须具有一定数量的资金。企业的资金可以从多种渠道用多种方式来筹集,不同来源的资金,其可使用时间的长短,附加条款的限制和资金成本的大小都不相同。这就要求企业在筹资时不仅需要从数量上满足生产经营的需要,而且要考虑到各种筹资方式给企业带来的资金成本的高低以及财务风险的大小,以便选择最佳筹资方式,实现财务管理的整体目标。

企业投资管理的目标是认真进行投资项目的可行性研究,力求提高投资报酬,降低投资风险。企业筹来的资金要尽快用于生产经营,以便取得盈利。但任何投资决策都带有一定的风险性,因此,投资时,必须认真分析影响投资决策的各种因素,科学地进行可行性研究。对于新增的投资项目，一方面，要考虑项目建成后给企业带来的投资报酬，另一方面，也要考虑投资项目给企业带来的风险，以便在风险与报酬之间进行权衡，不断提高企业价值，实现企业财务管理的整体目标。

企业营运资金管理的目标是合理使用资金，加速资金周转，不断提高资金的利用效果。企业的营运资金，是为满足企业日常营业活动的要求而垫支的资金，营运资金的周转，与生产经营周期具有一致性。在一定时期内资金周转越快，就越是可以利用相同数量的资金生产出更多的产品，取得更多的收入，获得更多的报酬。因此，加速资金周转，是提高资金利用效果的重要措施。

企业利润管理的目标采取各种措施，努力提高企业利润水平，合理制定利润分配措施和方案，兼顾各方面利益，处理好眼前和长远利益关系，创造和谐的经营环境。企业进行生产经营活动，要发生一定的生产消耗，并取得一定的生产成果，获得利润。企业财务管理必须努力挖掘企业潜力，促使企业合理使用人力和物力，以尽可能少的耗费取得尽可能多的经营成果，增加企业盈利，提高企业价值。企业实现的利润，要合理进行分配。企业的利润分配关系着国家、企业、企业所有者和企业职工的经济利益。分配时，一定要从全局出发，正确处理国家利益、企业利益、企业所有者利益和企业职工利益之间可能发生的矛盾。要统筹兼顾，合理安排，而不能只顾一头，不顾其他。

3. 具体目标

具体目标是在整体目标和分部目标的制约下从事某项具体财务活动所要达到的目标。具体目标是财务管理目标层次体系中的基层环节，它是整体目标和分部目标的落脚点，对保证整体目标和分部目标的实现具有重要意义。

企业财务管理具体目标体现在每一项具体财务活动之中，如借款目标、发行股票目标、进行证券投资目标、现金管理目标、应收账款管理目标、存货管理目标和固定资产管理目标等。

（四）财务管理目标的矛盾与协调

从上述分析中可以看出，财务管理目标应与企业多个利益集团有关，是这些利益集团共同作用和相互妥协的结果，在一定时期和一定环境下，某一利益集团可能会起主导作用，但从企业的长远发展来看，不能只强调某一利益集团的利益而置其他集团的利益于不顾，也就是说，不能将财务管理的目标仅仅归结为某一集团的目标。各个利益集团的目标都可以折中为企业长期稳定发展和企业总价值的不断增长，各个利益集团都可以借此来实现他们的最终目的。所以，以企业价值最大化作为财务管理的目标比较科学。

财务管理目标是企业理财活动所希望实现的结果,是评价企业理财活动是否合理的基本标准。财务管理目标具有稳定性、多元性和层次性等特征。财务管理目标由整体目标、分部目标和具体目标三个层次构成。我国企业财务管理整体目标经历了以总产值最大化为目标、以利润最大化为目标、以股东财富最大化为目标和以企业价值最大化为目标等不同阶段。分部目标一般包括筹资管理目标、投资管理目标、营运资金管理目标、利润及其分配管理目标等几个方面。具体目标是在整体目标和分部目标的制约下从事某项具体财务活动所要达到的目标,体现在每一项具体的财务活动之中。

二、企业财务管理的基本原则

财务管理的原则是企业财务管理工作必须遵循的准则。它是从企业理财实践中抽象出来的并在实践中证明是正确的行为规范,它反映着理财活动的内在要求。企业财务管理的原则一般包括如下内容:

(一) 遵循货币时间价值原则

货币时间价值是客观存在的经济范畴,它是指货币经历一段时间的投资和再投资所增加的价值。从经济学的角度看,即使在没有风险和通货膨胀的情况下,一定数量的货币资金在不同时点上也具有不同的价值。因此在数量上货币的时间价值相当于没有风险和通货膨胀条件下的社会平均资本利润率。今入的一元钱要大于将来的 元钱。货币时间价值原则在财务管理实践中得到广泛的运用。长期投资决策中的净现值法、现值指数法和内含报酬率法,都要运用到货币时间价值原则;筹资决策中比较各种筹资方案的资本成本、分配决策中利润分配方案的制订和股利政策的选择,营业周期管理中应付账款付款期的管理、存货周转期的管理、应收账款周转期的管理等,都充分体现了货币时间价值原则在财务管理中的具体运用。

(二) 遵循资金合理配置原则

拥有一定数量的资金,是企业进行生产经营活动的必要条件,但任何企业的资金总是有限的。资金合理配置是指企业在组织和使用资金的过程中,应当使各种资金保持合理的结构和比例关系,保证企业生产经营活动的正常进行,使资金得到充分有效的运用,并从整体上(不一定是每一个局部)取得最大的经济效益。

在企业的财务管理活动中,资金的配置从筹资的角度看表现为资本结构,具体表现为负债资金和所有者权益资金的构成比例,长期负债和流动负债的构成比例,以及内部各具体项目的构成比例。企业不但要从数量上筹集保证其正常生产经营所需的资金,而且必须使这些资金保持合理的结构比例关系。从投资或资金的使用角度看,企业的资金表现为各种形态的资产,各形态资产之间应当保持合理的结构比例关系,包括对内投资和对外投资的构成比例。对内投资中:流动资产投资和固定资产投资的构成比例、有形资产和无形资产的构成比例、货币资产和非货币资产的构成比例等;对外投资中:债权投资和股权投资的构成比例、长期投资和短期投资的构成比例等;各种资产内部的结构比例。上述这些资金构成比例的确定,都应遵循资金合理配置原则。

（三）遵循成本—效益原则

成本—效益原则就是要对企业生产经营活动中的所费与所得进行分析比较,将花费的成本与所取得的效益进行对比,使效益大于成本,产生"净增效益"。成本—效益原则贯穿于企业的全部财务活动中。企业在筹资决策中,应将所发生的资本成本与所取得的投资利润率进行比较;在投资决策中,应将与投资项目相关的现金流出与现金流入进行比较;在生产经营活动中,应将所发生的生产经营成本与其所取得的经营收入进行比较;在不同的备选方案之间进行选择时,应将所放弃的备选方案预期产生的潜在收益视为所采纳方案的机会成本与所取得的收益进行比较。在具体运用成本—效益原则时,应避免"沉没成本"对我们决策的干扰,"沉没成本"是指已经发生、不会被以后的决策改变的成本。因此,我们在做各种财务决策时,应将其排除在外。

（四）遵循风险—报酬均衡原则

在市场经济的激烈竞争中不可避免地要遇到风险。企业要想获得收益,就不能回避风险。风险—报酬均衡原则是指决策者在进行财务决策时,必须对风险和报酬做出科学的权衡,使所冒的风险与所取得的报酬相匹配,达到趋利避害的目的。在筹资决策中,负债资本成本低,财务风险大,权益资本成本高,财务风险小。企业在确定资本结构时,应在资本成本与财务风险之间进行权衡。任何投资项目都有一定的风险,在进行投资决策时必须认真分析影响投资决策的各种可能因素,科学地进行投资项目的可行性分析,在考虑投资报酬的同时考虑投资的风险。在具体进行风险与报酬的权衡时,由于不同的财务决策者对风险的态度不同,有的人偏好高风险、高报酬,有的人偏好低风险、低报酬,但每一个人都会要求风险和报酬相对等,不会去冒没有价值的无谓风险。

（五）遵循收支积极平衡原则

财务管理实际上是对企业资金的管理,量入为出、收支平衡是对企业财务管理的基本要求。资金不足，会影响企业的正常生产经营，坐失良机，严重时，会影响企业的生存；资金多余，会造成闲置和浪费，给企业带来不必要的损失。收支积极平衡原则要求企业一方面要积极组织收入，确保生产经营和对内、对外投资对资金的正常合理需要；另一方面，要节约成本费用，压缩不合理开支，避免盲目决策。保持企业一定时期资金总供给和总需求动态平衡和每一时点资金供需的静态平衡。要做到企业资金收支平衡，在企业内部，要增收节支，缩短生产经营周期，生产适销对路的优质产品，扩大销售收入，合理调度资金，提高资金利用率；在企业外部，要保持同资本市场的密切联系，加强企业的筹资能力。

（六）遵循利益关系协调原则

企业是由各种利益集团组成的经济联合体。这些经济利益集团主要包括企业的所有者、经营者、债权人、债务人、国家税务机关、消费者、企业内部各部门和职工等。利益关系协调原则要求企业协调、处理好与各利益集团的关系，切实维护好各方的合法权益，将按劳分配、按资分配、按知识和技能分配、按绩分配等多种分配要素有机结合起来。只有这样，企业才能营造一个内外和谐、协调的发展环境，充分调动各有关利益集团的积极性，最终实现企业价值最大化的财务管理目标。

第三节　企业财务管理的基本方法

财务管理方法是为了实现财务管理目标、完成财务管理任务，在进行理财活动时所采用的各种技术和手段。财务管理方法有很多，可按多种标准进行分类：根据财务管理的具体内容，可以分为资金筹集方法、投资管理方法、营运资金管理方法、利润及其分配管理方法；根据财务管理的环节，可以分为财务预测方法、财务决策方法、财务预算方法、财务控制方法和财务分析方法；根据财务管理方法的特点，可以分为定性财务管理方法和定量财务管理方法。

本节以财务管理环节为标准，对财务管理的方法分别予以阐述。

一、财务预测方法

（一）财务预测的概念理解

财务预测，是指企业根据发展目标和生产经营的需要，以现有的财务资源为依据，运用相关的财务预测方法及流程，计量财务预测数据，优化财务资源配置，并将数据用于企业财务决策及生产经营活动的过程。

企业财务预测是企业财务控制的重要措施，也是企业财务管理的重要组成部分，是企业发展战略得以实现的重要手段。

财务预测能够预判企业未来财务数据的发展方向，能够计量影响未来财务资源合理利用的相关数据，为企业提供可行的管理对策，能够促进企业财务资源的优化配置，让企业能够准确把握市场的重要信息和发展趋势，从而节约资源，提升资源利用效率。财务预测是企业预测期中通过对企业财务状况相关数据信息的整合，结合内外部市场和企业自身情况来进行科学合理的模型构建和预测。理想的财务预测管理可以促进企业高效运营，规避相关财务风险，促进企业经营目标的实现。

（二）财务预测的基本方法

财务预测按不同标准有多种分类，举例如下：

按预测的时间长短不同，可以分为短期预测、中期预测和长期预测。预测期在 1 年以下的是短期预测，预测期在 1—5 年内的是中期预测，预测期在 5 年以上的是长期预测。

按预测的内容不同，可以分为生产预测、销售预测、利润预测和资金预测等。生产预测是对生产规模、生产消耗等进行的预测；销售预测是对销售数量、销售趋势、市场变化等进行的预测；利润预测是在收入和成本费用预测基础上对目标利润的预测；资金预测是对资金供求及其变化趋势进行的预测。

财务预测按预测方法不同，可以分为定性预测法和定量预测法，具体如下：

1. 定性预测法

定性预测法又称经验判断法、专家分析法，它主要是利用直观材料，依靠个人经验的主观判断和综合分析能力，对事物未来的状况和趋势做出预测。其预测过程是：首先由熟悉企业财务情况和生产经营情况的专家根据过去所积累的经验进行分析判断，提出预测的初步意见；其次，再通过召开座谈会或发出各种表格等形式，对上述预测的初步意见进行修正补充。这样，经过几次反复后，得出预测的最终结果。

2. 定量预测法

定量预测法是根据变量之间存在的数量关系（如时间关系、因果关系）建立数学模型来进行预测的方法。定量预测法又可分为趋势预测法和因果预测法。

（1）趋势预测法。趋势预测法是按时间顺序排列历史资料，根据事物发展的连续性来进行预测。由于这种方法是按时间顺序排列历史资料,所以又称时间序列预测法。它又可细分为算术平均法、加权平均法、指数平滑法、直线回归趋势法和曲线回归趋势法等。

(2) 因果预测法。因果预测法是根据历史资料,通过综合分析,找出要预测因素与其他因素之间明确的因果关系,建立数学模型来进行预测。因果预测法中的因果关系可能是简单因果关系,也可能是复杂因果关系。例如,企业销售收入只与销售价格、销售数量呈简单因果关系,而销售利润则与销售数量、销售价格、销售税金、销售成本等呈复杂因果关系。只有合理地找出变量之间的因果关系,才能科学地进行预测。

定性预测法和定量预测法各有优缺点,在实际工作中,可把两者结合起来应用,既可进行定性分析,又能进行定量分析。在后面相关章节中,将介绍各种方法的具体运用。

二、财务决策方法

财务决策是指财务人员在财务目标的总体要求下,从若干个可以选择的财务活动方案中选择最优方案的过程。在市场经济条件下,财务管理的核心是财务决策,财务预测是为财务决策服务的,财务计划是财务决策的具体化。现代管理理论认为,企业管理的重心在经营,经营的重心在决策,因为决策关系到企业的兴衰成败。

(一) 财务决策的基本原则

1. 资金配置高效合理的原则

企业财务决策的资金都具有一定的机会成本,企业在一个项目上投资意味着其他获利机会的流失,企业筹资和以后的资本使用过程中需要支付财务费用,资金配置合理与否决定了资本成本的高低,影响到企业的经济效益和经营风险。企业在投资和筹资时,要客观分析和比较投资收益和资金成本,避免投资、筹资失误给企业造成的不利影响,同时要合理安排企业各种资本的比例关系,寻求最有效率的资本组合,使企业的综合资本成本最低。

2. 遵循均衡性原则

首先,企业财务决策需要保持风险和收益的均衡。由于契约不完备和信息的非对称,市场经济中财务活动面临着很大的不确定性,企业在获得预期财务收益方面存在风险。财务风险蕴含于财务收益之中,财务决策面临的风险越大,获得的补偿性财务收益越多,不存在没有风险的财务活动。企业的财务决策必须合理安排风险和收益的关系,合理协调资金的收益性和安全性,不能只顾收益,不考虑潜在的财务陷阱。

其次,财务决策要保持企业筹资、投资、利润分配各个环节上以及资金在数量上和时间上的平衡。筹资是投资、利润分配资金来源的基础，投资是利润的一个重要来源，利润分配是企业资金运用的重要环节，三个方面的均衡可以保证生产经营对资金的需求，避免资金短缺或闲置；资金在数量上和时间上的均衡，可以节省财务费用，为企业筹资、投资、利润分配提供更为广阔的资金来源。

3. 遵纪守法原则

财务决策必须以现行税法及相关法律为依据，依法缴纳国家各项税收，加强财务监督控制，保证财务行为规范合法。企业财务决策只能在税收法律许可的范围内进行，必须依法对各种纳税方案进行选择，而不能违反税收法律规定，逃避税收负担；财务决策不能违背国家财务会计法规及其他经济法规；财务决策应当密切关注国家相关法律、法规的变更，财务方案应当在一定法律环境下以企业经营活动为背景来制定，国家的法律法规发生变更，则财务决策应当对财务活动中与新法律、法规抵触的地方进行更改。

4. 遵循经济原则

所谓经济原则，是指因财务决策方案实施而发生的机会成本，不应超过因实施财务决策方案所产生的边际收益，经济原则要求企业的财务决策必须能起到降低财务费用的作用，具有实用性，能纠正决策偏差。作为企业财务决策的子系统，投资、筹资、利润分配应始终围绕经济原则来进行资金划拨，子系统目的在于降低企业各环节财务活动的支出，但子系统财务费用的降低并不一定能带来企业总体成本的降低和收益水平的提高。例如，税法规定企业债务利息可以在企业所得税前扣除，因而负债融资对企业具有节税的财务杠杆效应，有利于降低企业的税收负担，但是，负债比率的提高意味着财务风险、融资风险成本也随之增加，负债成本超过了息税前的投资收益率时，负债融资就会呈现出负的杠杆效应，这时权益资本的收益率就会随着负债比例的提高而下降，超越临界点的负债融资并不符合经济原则。

5. 遵循因地制宜原则

财务决策必须个别企业单独制定，适合企业所在的行业、规模、技术的实际情况，不可生搬硬套其他企业的做法。大型企业和小型企业，老企业和新企业，发展迅速和相对稳定的企业，不同行业的企业，同一企业的不同发展阶段，决策重点、组织机构、决策风格等都应当有所区别。例如，新建企业财务决策重点在于筹资进行制造和销售；正常经营企业应注意保持筹资、投资、利润分配时间、数量上的衔接；扩张期的企业需要在选定投资方向和区域上下功夫。

(二) 财务决策的常用方法

财务决策的方法有很多，常用的有以下几种：

1. 对比法

对比法是把各种不同方案排列在一起，按其经济效益的好坏进行优选对比，进而做出决策。对比法是财务决策的基本方法。对比法按其对比方式的不同，又可分为总量对比法、差量对比法和指标对比法等。

（1）总量对比法。总量对比法是将不同方案的总收入、总成本或总利润进行对比，以确定最优方案。

（2）差量对比法。差量对比法是将不同方案的预期收入之间的差额与预期成本之间的差额进行比较，求出差量利润，进而做出决策。

（3）指标对比法。指标对比法是把反映不同方案经济效益的指标进行对比，以确定最优方案。例如，在进行长期投资决策时，可把不同投资方案的净现值、内含报酬率、现值指数等指标进行对比，从而选择最优方案。

2. 微分法

微分法是根据边际分析原理，运用数学上的微分方法，对具有曲线联系的极值问题进行求解，进而确定最优方案。在用微分法进行决策时，凡以成本为判别标准，一般是求极小值；凡以收入或利润为判别标准，一般是求极大值。在财务决策中，最优资本结构决策、现金最佳余额决策、存货的经济批量决策等，都要用到微分法。

3. 线性规划法

线性规划法是根据运筹学原理，用来对具有线性联系的极值问题进行求解，进而确定最优方案的方法。在有若干个约束条件的情况下，这种方法能帮助管理人员对合理组织人力、物力和财力等做出最优决策。

4. 概率法

概率法是进行风险决策的一种主要方法。所谓风险决策，是指未来情况虽不十分明了，但各有关因素的未来状况及其概率是可以预知的决策。现代财务决策都会或多或少地具有风险性，因而在决策时，必须用概率法来计算各个方案的期望值和标准离差，进而做出决策。这种方法往往把各个概率分支用树形图表示出来，故有时也称之为决策树法。

5. 损益法

损益法是在不确定情况下进行决策的一种方法。所谓不确定性决策，是指在未来情况很不明了的情况下，只能预测有关因素可能出现的状况但其概率是不可预知的决策。在这种情况下，要做出决策是很困难的，财务管理中常采用最大最小收益值法或最小最大后悔值法来进行决策，统称为损益决策法，通俗地说，就是"两利相比取其大，两弊相比取其小"。最大最小收益值法又称小中取大法，是把各方案的最小收益值都计算出来，然后取其最大者。最小最大后悔值法又称大中取小法，是把各方案的最大损失值都计算出来，然后取其最小者。

三、财务预算方法

全面预算就是企业未来一定期间全部经营活动各项具体目标的计划与相应措施的数量说明，具体包括日常业务预算、专门决策预算和财务预算三大类内容。其中，财务预算是一系列专门反映企业未来一定预算期内预计财务状况和经营成果，以及现金收支等价值指标的各种预算总称，具体包括反映现金收支活动的现金预算、反映企业财务成果的预计利润表、反映企业财务状况的预计资产负债表等内容。

财务预算是企业全面预算体系中的组成部分，它在全面预算体系中具有重要的作用，主要表现在以下几个方面：

第一，财务预算使决策目标具体化、系统化和定量化。在现代企业财务管理中，财务预算必须服从决策目标的要求，尽量做到全面地、综合地协调、规划企业内部各部门、各层次的经济关系与职能，使之统一服从于未来经营总体目标的要求。同时，财务预算又能使决策目标具体化、系统化和定量化，能够明确规定企业有关生产经营人员的各自职责及相应的奋斗目标，做到人人事先心中有数。

第二，财务预算是总预算，其余预算是辅助预算。财务预算作为全面预算体系中的最后环节，可以从价值方面总括地反映企业经营决策预算与业务预算的结果，使预算执行情况一目了然。

第三，财务预算有助于财务目标的顺利实现。通过财务预算，可以建立评价企业财务状况的标准，以预算数作为标准的依据，将实际数与预算数对比，及时发现问题以及调整偏差，使企业的经济活动按预定的目标进行，从而实现企业的财务目标。

编制财务预算，并建立相应的预算管理制度，可以指导与控制企业的财务活动，提高预见性，减少盲目性，使企业的财务活动有条不紊地进行。（详细内容见第二章第四节，此处不再赘述）

四、财务控制方法

(一) 财务控制的概念理解

财务控制是按照一定的程序与方法,确保企业及其内部机构和人员全面落实和实现财务预算的过程。财务控制是财务管理的重要环节,与财务预测、财务决策、财务分析与评价一起构成财务管理系统。财务预测、财务决策和财务分析与评价可以为财务控制指明方向、提供依据和规划措施;财务控制可以确保有关财务目标和规划得以落实。

财务控制是企业内部控制的一个重要子系统,是内部控制系统的核心组成部分,是内部控制系统在资金和价值方面的体现。财务控制在企业的内部控制系统中,能起到保证、促进、监督和协调的作用,是最具有连续性、系统性和综合性的控制子系统。财务控制是实现和执行财务计划或预算的基本手段,是实现财务管理目标的决定因素。

(二) 财务控制的方法类型

1. 按照控制的时间分类

按照控制时间的不同,财务控制可分为事前财务控制、事中财务控制和事后财务控制。

事前财务控制,是指在某项财务活动发生之前,按照既定的程序对其正确性、合理性、合法性加以核准并确定是否让其发生所进行的控制,如企业的授权审批制度、内部牵制制度、费用报销制度、产品成本定额控制等。

事中财务控制,是指在某项财务活动发展过程中所进行的控制,用于防止实际收支与预算之间的偏差,如账实盘点、往来账清查等。

事后财务控制,是指对财务活动的结果进行的分析、评价和奖惩。例如,在每个会计期间或每项重大经济活动完成之后,内部审计监督部门都应按照有效的监督程序,审计各项经济业务活动,及时发现内部控制的漏洞和薄弱环节。

2. 按照控制的主体分类

按照控制主体的不同,财务控制可分为出资者的财务控制、经营者的财务控制和财务部门本身的控制。

出资者的财务控制,是指在现代公司制度下由于企业所有权和经营权的分离,为确保出资者资本的保值、增值及收益分配的实现,出资者通过行使财务监控权来约束经营者的财务行为的控制方式。例如，控制防止所有权稀释的筹资决策；控制保护出资人权益的对外投资决策；控制企业合并、分立、清算的资本变动决策；控制追求资本增值的利益分配决策。

经营者的财务控制，是指经营者为了实现财务预算目标而对企业及各责任中心的财务活动进行的控制。经营者全方位负责财务决策与控制，从本质上决定了公司的财务状况。例如，制定财务战略、批准有效的财务预测、向股东大会报告财务状况、聘任和解聘财务部经理、组织协调财务关系等。

财务部门本身的控制主要包括两个方面：一是负责企业日常账务的处理，保证财务的准确、及时和连贯；二是制定和完善企业内部的财务制度，规范企业内部的财务行为，开展财务分析，实施企业内部的财务监控职能。

3. 按照控制的依据分类

按照控制依据的不同，财务控制可分为具有激励性的预算控制和具有防护性的制度控制。

预算控制是指以财务预算为依据，对预算执行主体的财务收支活动进行监督、调整的一种控制形式。预算控制能够使决策目标具体化、系统化、定量化，能够明确规定企业有关生产经营人员各自的职责及相应的奋斗目标，其量化指标可以作为日常控制和考核的依据。预算控制以目标为导向，由于实现目标能够获得相应的奖励，因此具有激励性。

制度控制是指通过制定企业内部会计控制制度和有关的规章制度，并以此为依据对企业的财务收支活动进行的一种控制形式。制度控制通常规定能做什么，不能做什么，因此具有防护性特征。

4. 按照控制的对象分类

按照控制对象的不同，财务控制可分为收支控制和现金控制。

收支控制是指通过制定收支管理制度，以降低成本、减少支出，从而实现利润最大化的控制行为。

现金控制是指通过控制现金流量以确保现金流入与流出的基本平衡，避免现金短缺或沉淀的控制行为。

5. 按照控制的手段分类

按照控制手段的不同，财务控制可分为缺乏弹性的定额控制和具有弹性的定率控制。

定额控制也称绝对控制，是指对企业的财务指标采用绝对数进行控制。一般而言，对激励性控制指标要确定最低控制标准，如利润指标，对约束性控制指标要确定最高控制标准，如成本、费用等。定额控制缺乏弹性。

定率控制也称相对控制，是指对企业的财务指标采用相对比率进行控制，如成本费用利润率、总资产净利率。一般而言，定率控制既考虑投入，又考虑支出，要求开源与节流并重。定率控制具有弹性。

6. 按照控制的内容分类

按照控制内容的不同，财务控制可分为一般控制和应用控制。

一般控制是指对企业财务活动赖以进行的内部环境所实施的总体控制，包括组织控制、人员控制、财务预算、业绩评价、财务记录等各项内容。

应用控制是指作用于企业财务活动的具体控制，包括业务处理程序中的批准与授权、审核与复核，以及为保证资产安全而采取的限制措施等控制。

7. 按照控制的功能分类

按照控制功能的不同，财务控制可分为预防性控制、侦查性控制、纠正性控制、指导性控制和补偿性控制。

预防性控制是指为了防范风险、错弊和非法行为的发生，或减少其发生机会所进行的控制。

侦查性控制是指为了及时识别已经存在的风险、已经发生的错弊和非法行为，或增强识别能力所进行的控制。

纠正性控制是指对那些通过侦查性控制查出来的问题所进行的调整和纠正。

指导性控制是指为了实现有利的结果而进行的控制。

补偿性控制是指针对某些环节的不足或缺陷而采取的控制措施。

五、财务分析方法

财务分析是以企业财务报表及其他相关资料为依据，采用一系列专门的分析技术利方法，对企业财务状况、经营成果等进行分析与评价，为企业的投资者、债权者、经营者及其他信息使用者了解企业过去、评价企业现状、预测企业未来、做出正确决策与估价提供重要的信息或依据。

（一）财务分析的意义体现

第一，通过财务分析，可正确评价企业过去财务状况和经营成果。通过对企业的财务报表、财务报表附注和其他资料进行分析，可以了解企业的财务风险状况、营运能力和盈利能力，便于企业管理者和其他财务报表使用者了解企业财务状况和经营成果，同时也能帮助企业管理者找出企业存在的问题及产生的原因，合理评价经营者的工作业绩，提高企业管理水平。

第二，财务分析是实现企业财务管理目标的重要手段。虽然对企业的财务管理目标的内容理解不同，有以利润最大化为目标、以每股收益最大化为目标、以股东财务最大化以及企业价值最大化等多种观点，企业财务管理的目标都需要增加利润实现财务管理目标。通过对企业的生产经营情况进行财务分析，了解企业的盈利能力和资金周转情况，帮助企业找出财务风险所在，改善财务状况。通过对企业成本、收入情况进行分析，帮助企业找出扩大财务成果的内部潜力，促使企业按照实现财务管理的目标实现良性运行。

第三，财务分析是信息使用者做出决策的重要步骤。通过财务分析，可以为企业外部投资者、债务人和其他信息使用者提供更加系统的、完整的会计信息，便于他们更加深入地了解企业的财务状况、经营成果和现金流量情况，为其投资决策、信贷决策和其他经济决策提供依据。

（二）财务分析的常用方法

财务分析的方法有许多，常用的分析方法有以下几种：

1. 对比分析法

对比分析法是通过把有关指标进行对比来分析企业财务情况的一种方法。对比分析法要对同一指标的不同方面进行比较，从数量上确定差异，为进一步查找差异原因提供依据。例如，通过同计划数的对比，可以查明该项指标完成计划的程度；通过同历史时期有关数字的对比，可以发现有关财务指标的变动趋势；通过与同类企业之间的有关指标的对比，可以发现先进和落后之间的差距。对比分析法是一种比较好的分析方法，它具有适应面广、分析过程简单、揭示问题清楚等特点。但任何事物之间，只有遵循一定条件，才具有可比性，因此，在运用对比分析法时，必须注意各种指标之间是否可比。

2. 比率分析法

比率分析法是把有关指标进行对比，用比率来反映它们之间的财务关系，以揭示企业财务状况的一种分析方法。根据分析的不同内容和要求，可以计算各种不同的比率以进行对比。其中最主要的比率有以下几种：

（1）相关指标比率。这是根据财务活动存在的相互依存、相互联系的关系，将两个性质不同但又相关的指标数值相比，求出比率，以便从财务活动的客观联系中进行研究，更深地认识企业的财务状况。例如，将资金指标同销售指标、利润指标进行对比，便求出资金周转率、资金利润率，以便更深入地揭示企业财务状况和经营成果。

（2）构成比率。这是计算某项指标的各个组成部分占总体的比重，分析其构成内容的变化，从而掌握该项财务活动的特点与变化趋势。例如，将负债资金同全部资金进行对比，求出负债比率，便可揭示财务风险的大小。

（3）动态比率。这是将某项指标的不同时期的数值相比，求出比率，观察财务活动的动态变化程度，分析有关指标的发展方向和增减速度。

比率分析是财务分析的一种重要方法。通过各种比率的计算和对比，基本上能反映出一个企业的偿债能力、盈利能力、资产周转状况和盈余分配情况，该方法具有简明扼要、通俗易懂的特点，很受各种分析人员的欢迎。

3. 综合分析法

综合分析法是把有关财务指标和影响企业财务状况的各种因素都有序地排列在一起，以综合地分析企业财务状况和经营成果的一种方法。对任何单一指标、单一因素进行分析，都不能全面评价企业的财务状况及其发展变动趋势，必须进行综合分析，才能对企业财务状况做出全面、系统的评价。在进行综合分析时，可采用财务比率综合分析法、因素综合分析法和杜邦分析法等。财务分析内容将在第七章中作详细介绍。

第四节 企业财务管理的环境分析

一、企业财务管理的经济环境

经济环境是指那些影响企业财务活动的各种经济因素，例如，经济发展水平、经济周期、通货膨胀、政府的经济政策等。

（一）经济发展水平

经济发展水平制约并决定着财务管理水平的高低，经济越发达，财务管理水平也就越高。同时在不同经济发展水平下，财务管理的内涵和要求也有较大差异。随着我国经济的高速发展，企业财务管理水平日益增高，财务管理内容也更加丰富，方法也更加多样化。因此，企业财务管理工作者必须积极探索与经济发展水平相适应的财务管理模式。

（二）经济周期市场

经济总是在周期性波动中运行，并依次经历萧条、复苏、繁荣和衰退四个不同阶段，这就是经济周期。而在不同阶段企业理财的方法、原则、具体措施等都会有很大差异。例如，在繁荣阶段企业一般会增加投资、扩大生产，而在萧条时期通常会收缩投资、加速资金回笼。另外，作为一个高水平的理财人员，总是要对经济的周期性波动做出预测，并适度调整理财策略和方法。

（三）通货膨胀

通货膨胀是指流通中的货币供应量超过商品流通所需量而引起价格普遍和持续上升的一种经济现象。通货膨胀会引起价格不断上升，货币贬值，严重影响企业经济活动，为解决成本上升、商品滞销、企业资金周转困难、成本补偿不足、虚盈实亏、企业资金流失等，企业必须采用积极主动的措施来减少通货膨胀所造成的负面影响，如使用套期保值、签订长期合同等办法。

（四）政府的经济政策

我国经济体制改革的目标是建立社会主义市场经济体制，以进一步解放和发展生产力。在这个总目标的指导下，我国正在进行财税体制、金融体制、外汇体制、外贸体制、计划体制、价格体制、投资体制，社会保障制度、会计准则体系等各项改革。所有这些改革措施，不仅深刻地影响着我国的经济生活，而且也深刻地影响着我国企业的发展和财务活动的运行。经济政策对企业财务管理的影响是非常大的，这就要求企业财务管理人员必须把握经济政策，更好地为企业的财务管理活动服务。

二、企业财务管理的金融环境

企业总是需要资金从事投资和经营活动，而资金的取得，除了自有资金外，主要从金融机构和金融市场取得。

金融政策的变化必然会影响企业的筹资、投资和资金运营活动。所以，金融环境是企业最主要的环境因素之一。

（一）金融机构

一般包括银行金融机构和其他金融机构。银行金融机构主要包括各种商业银行和国家政策性银行。商业银行，包括国有四大商业银行和其他商业银行；国家政策性银行主要包括中国进出口银行、国家开发银行等。其他金融机构包括金融资产管理公司、信托投资公司、财务公司和金融租赁公司等。

（二）金融工具

金融工具是能够证明债券关系或所有权关系，并据以进行货币资金交易的合法凭证，它对于交易双方所应承担的义务与享有的权利均具有法律效力。金融工具主要包括股票、债券、期货、期权等。股票是企业发行的一种所有权凭证，代表了股东对企业的所有权。股票是企业筹集资金的一种重要方式，它可以帮助企业扩大规模，增加投资，提高市场竞争力。债券是企业发行的一种债务凭证，代表了企业向投资者借款。债券通常比股票具有更低的投资风险，因此受到许多投资者的青睐。债券的利率通常比银行利率高，因此也吸引了大量的投资者。期货和期权是金融衍生品，它们的主要功能是风险管理。期货和期权可以帮助企业规避市场风险，保护企业的利润。总之，金融工具为企业提供了更多的融资渠道和风险管理手段，帮助企业实现财务管理的目标。

（三）金融市场

金融市场是指资金供应者和资金需求者双方通过金融工具进行交易的场所。从企业财务管理的角度来看，金融市场作为资金融通的场所，是企业向社会筹集资金必不可少的条件。财务管理人员必须熟悉金融市场的各种类型和管理规则，有效地利用金融市场来组织资金的筹措和进行资本投资等活动。

三、企业财务管理的技术环境

财务管理的技术环境，是指财务管理得以实现的技术手段和技术条件，它决定着财务管理的效率和效果。

在企业内部，会计信息主要是提供给管理层决策使用，而在企业外部，会计信息则主要是为企业的投资者、债权人等提供服务。目前，会计信息化工作要建立健全会计信息化法规体系和会计信息化标准体系，全力打造会计信息化人才队伍，基本实现企业会计信息化与经营管理信息化的融合，进一步提升企业的管理水平和风险防范能力，做到资源共享，便于不同信息使用者获取、分析和利用，进行投资和相关决策，基本实现会计师事务所采用信息化手段对客户的财务报告和内部控制进行审计，进一步提升社会审计质量和效率；基本实现政府会计管理和会计监督的信息化，进一步提升会计管理水平和监管效能。

通过全面推进会计信息化工作，使我国的会计信息化达到或接近世界先进水平。我国企业会计信息化的全面推进，必将进一步完善和优化企业财务管理的技术环境。

四、企业财务管理的法律环境

在市场经济条件下，企业总是在一定的法律前提下从事其各项业务活动的。一方面，法律提出了企业从事各项业务活动必须遵守的规范或前提条件，从而对企业行为进行约束；另一方面，法律也为企业依法从事各项业务活动提供了保护。

在市场经济中，政府通常要建立一个完整的法律体系来维护市场秩序。

从企业的角度看，这个法律体系涉及企业设立、企业运转、企业合并和分立以及企业的破产清理。其中，企业运转又分为对企业从事生产经营活动的法律规定和企业从事财务活动的法律规定。一般来说，企业设立、合并和分立是通过《中华人民共和国公司法》（以下简称《公司法》）进行约束的；企业破产清理是通过《中华人民共和国破产法》（以下简称《破产法》）进行约束的；企业生产经营活动主要是通过《中华人民共和国合同法》《中华人民共和国消费者权益保护法》《中华人民共和国环境保护法》《中华人民共和国反垄断法》等进行约束的。

企业财务活动是通过《中华人民共和国会计法》《中华人民共和国证券法》《中华人民共和国票据法》《企业财务通则》、《企业会计准则》以及税法及相关规定等进行约束的。

此外，在企业设立、合并和分立以及破产的有关法律规定中，其主要内容都直接与财务活动相联系。将这些内容与对财务活动运行过程进行规定的法律联结起来，就可以形成一个完整的有关财务活动的法律体系，它对财务管理会产生直接的影响和制约作用，而有关企业生产经营活动的法律规定也会对财务管理产生间接的影响和制约作用。

从整体上说，法律环境对财务管理的影响和制约有以下几个方面：第一，在筹资活动中，国家通过法律规定了筹资的最低规模和结构，规定了筹资的前提条件和基本程序。第二，在投资活动中，国家通过法律规定了投资的基本前提、投资的基本程序和应履行的手续。第三，在分配活动中，国家通过法律规定了企业分配的类型或结构、分配的方式和程序、分配过程中应履行的手续，以及分配的数量。第四，在生产经营活动中，国家规定的各项法律也会引起财务安排的变动，或者说在财务活动中必须予以考虑。

第五章 现代企业财务管理的多维内容新探

第一节 企业筹资方式选择与优化

企业的创立、正常的生产经营、扩张和发展等一系列企业活动均离不开资金的支持与配合，这就需要想方设法、及时足额地筹到相应资金。但资金的获取受到外部环境和内部状况的种种限制，且资金的筹集和使用必须付出代价，因此正确预测资金需要量，以低成本、低风险及有效的方式筹措企业所需资金是筹资管理所需实现的目标。

一、企业筹资的相关知识

筹资是指企业根据生产经营、对外投资及调整资金结构的需要，通过一定的渠道，采取适当的方式，获取所需资金的一种行为。筹集资金是企业资金运动的起点，是决定资金运动规模和生产经营发展程度的重要环节，是财务管理的一项重要内容。

(一) 企业筹资的原则

为了经济有效地筹集资金，筹资必须遵循合法性、效益性、及时性等基本原则。

1. 合法性原则

企业的筹资活动影响社会资本及资源的流向和流量，涉及相关主体的经济权益。因此，必须遵守国家有关法律法规，依法履行约定的责任，维护有关各方的合法权益，避免非法筹资行为给企业本身及相关主体造成的损失。

2. 效益性原则

筹集和使用资金必须支付对价，对价即资金成本。企业筹集资金的渠道、方式多种多样，通过不同筹资渠道和方式取得的资金成本和风险程度各不相同。因此，在选择资金来源和筹资方式时，应根据资金需要量研究各种资金来源的构成，综合考虑各种筹资渠道的资金成本和风险程度等多方面因素，力争构建最优筹资组合以降低综合资金成本。

3. 及时性原则

企业投资一般都有投放时间上的要求。筹资时间必须与投资时间要求相配合，避免筹资时间过早而造成投资前的资本闲置或筹资滞后而错过投资的有利时间。资金的及时供应取决于外部筹资环境和自身条件。如从证券市场上筹资一般要求较严,发行股票、债券手续繁杂,资金的供应及时性较低;而银行贷款等则相对容易些。又如,企业规模较大,财务及经营状况良好,也是比较容易获取资金的。

(二) 影响企业筹资决策的因素

企业的筹资决策受到各类因素的影响,如经济周期、国家经济政策、有关的法律法规、金融市场及企业的经营现状等。这些因素一方面为企业筹资提供机会与条件,另一方面对企业筹资进行制约和限制。

1. 经济周期

经济运行通常呈现波浪形周期特征,大致分为经济复苏、经济繁荣、经济衰退和经济萧条四个阶段。在经济开始复苏并迈向繁荣时,经济增长使商品市场需求旺盛,企业盈利增加,为提高生产经营能力,企业纷纷扩大投资,从而增加对资金的需求。这将引起资金供求关系发生变化,市场利率上升,此时利用债务筹资的难度加大,筹资成本逐渐增加,但由于公众收入增加,对企业前景看好,引起股票价格上升,利用发行股票筹资的成本可能下降。当经济开始衰退进入萧条期时,企业对资金的需求下降,资金供求关系变化导致市场利率下降,企业利用债务资金的成本降低,利用股票筹资的难度可能有所加大。经济萧条时,尽管市场利率降低,由于企业缺乏市场机会,盈利减少,银行对企业信贷资金的提供要求则会提高。

2. 国家经济政策

国家经济政策主要有货币政策、财政政策和产业政策。货币政策直接影响资金供给量和市场利率水平。货币政策变松,市场银根松动,社会持币量增加,市场利率下降,为企业的筹资提供有利机会。税收政策是一种重要的财政政策,国家的税收政策规定企业发行债券和银行借款所生的利息支出可以在所得税前的利润中扣除,而股权性质的资金所发生的股利支出只能用企业税后净利润支付。假使国家提高所得税税率,则企业的债务资本的资本成本将会下降,从而影响企业筹资方式的选择。国家还会实施一定的产业政策,鼓励和限制某些产业的发展。对于鼓励的产业,从税收到筹资都会有相应的扶持政策;反之,则会增加税负,提高筹资门槛和成本。

3. 法律法规

为保障国家经济平稳运行,国家会制定一系列规范和制约企业筹资行为的有关法律法规,主要有《中华人民共和国公司法》《中华人民共和国合伙企业法》《中华人民共和国个人独资企业法》《中华人民共和国证券法》《中华人民共和国银行法》《中华人民共和国所得税法》等。这些法律法规主要规范了不同类型企业的筹资渠道、不同组织类型企业的筹资方式、企业筹集资金的条件三方面的内容。法律法规并非一成不变,企业必须随时关注其变化,遵守相关法律法规进行筹资,以免造成非法集资而受到相应的惩处。

4. 企业的经营现状

企业的经营现状一般从盈利能力、运营能力、资产的质量、发展潜力四方面进行分析,这些能力直接影响企业的收益和风险,进而影响企业的筹资能力。如果企业的资产质量良好、盈利能力强、偿债能力好,则该企业就比较容易筹到所需资金,且筹资成本也会较低。

上述影响因素对企业的筹资决策的影响不是孤立的,经济周期、国家经济政策、法律法规将最终作用于企业,企业需要综合考虑诸因素以做出正确的决策。

二、企业筹资的方式分析

(一)投入资本筹资

投入资本筹资指企业通过签订合同的方式,直接获得国家、法人和个人投资的一种取得资金方式。吸收投入的资本不把股票当作中间联系者,不用公开发行经济权益凭证。投入资本的人就是企业的权益所有者,他们掌握着企业的管理大权,且按付出资金比例享受利润,同时也承担风险。

1. 吸收投入资本的出资形式

(1)吸收现金投资。现金投资是吸收投入资本中广泛使用的一种方式。当企业获取了现金,就能够用它购买需要的物资,同时用于各种费用的支付,使用方便且灵活。一般企业更希望出资者尽可能多地使用现金出资。

(2)吸收实物投资。实物投资是指以不动产、生产设备和商品等有一定流动的生产资料进行的投资。投入的实物要满足企业生产经营需求,各方面性能良好,作价公正合理,且实物不存在抵押、担保、诉讼冻结等情况。

(3)吸收无形资产投资。无形资产投资是指用土地使用权、商业秘诀、著作权等进行的投资。企业若要取得无形资产投资就要考虑更多方面,比如无形资产价值变化较大,可能快速贬值,还可能不满足变化的生产条件。

2. 吸收投入资本的一般程序

（1）确定吸收投入资本的资金量。扩大企业和提高运行活动状态时，要先确定企业共需要多少资金和适合企业的筹集资金结构，这样来确定使用资金总量和取得资金的方向。

（2）寻找吸收投入的来源，协商投资数额和出资方式。吸收投入资本是企业和投资者共同得出的结果，被投资的企业要选择最有利于企业发展的资金来源，还要考虑资金量是否足够。因此，企业和投资者要相互了解各自的财力和经营能力，确定投资单位后，通过协商确定投资数额和出资方式。

（3）签署投资合同、决定性文件。接受投资和出资人都有相同的看法时，就会订立投入资金合同，约定重要的事项，划定两者的权利和义务。

（4）执行投资协议，取得资本来源。接受投资和出资人遵从订立的合同要求，完成资金投入的手续，按之前约定的事项并给予投资者今后能够共同管理公司得到企业的分红。

3. 吸收投入资本的评价

（1）吸收投入资本的优点：①形式简单、取得快。接受投资人和出资人面对面商量，不需要媒介联系，只要投、只要两者意见相同，筹资协议就达成了。②增加企业信誉。吸收投入资本的资金是企业自己的资金，自由支配，相比于借入资金来说，易于提高企业的信誉，提升银行借款限额。③能够很快达到生产规模要求。吸收投入资本不仅是获得现金，还可以快速得到优良的生产设施和新技术，能够很快达到生产规模要求，占领有利的市场竞争地位。④不能归还资金的可能性更小。依据企业的经营获得的利润给出资者分红，不用不变的财务支出，所以承担过量支出的可能较小。

（2）吸收投入资本的缺点：①资金成本较高。把企业运行获得的利润和出资人出资比例计算出企业支付出资者的钱，不能在税前扣除，如果企业的利润很高，分红的量是非常大的。②稀释了企业的控制权力。与发行普通股相比，不用把证券当作中间物，当权属没有分清楚时，产权交易就会不顺利。

（二）发行普通股筹资

1. 发行股票的要求

企业想要增强生产力，让资金的筹集方式更加合理，就会增加发行新的股票。新发行的股票要公开，对每个投资者要公平，同一次出来的股票增发要求和价格必须一样，股票要按规矩填写必要事项，对于投资机构、法人、发起人发行的股票应该要记载股东姓名，第一次面向外部公开增发的股票获得的资金必须以发起人和公司情况说明书列出的资金用法安排。

2. 发行股票的主要方式

（1）公募发行。公募发行指公司使用证券交易平台对公众公布发行情况。这样的增发股票方法要利用证券公司帮助销售，影响力大、发行面广，能较轻松获得资金；股票能轻易地转变为现金，市场中好流通；能够让公众更加认识了解公司。当然该方法也有办理手续烦琐、股票发行费用过多的缺点。

（2）私募发行。私募发行指公司没有公开，面对内部投资者直接发行，不使用证券交易公司帮助销售，使用不对普通大众公开，公司发起人出钱购买全部股票的形式。这种发行方法变化性强，发行费用较少；但发行面窄、影响力小，不能轻易地转变为现金。

3. 普通股筹资的评价

（1）普通股筹资的优点：①具有永久性，不用考虑到期时间，不用向出资人还本金。②付出的股利是不断变化的，划出什么数量的股利是由企业当年利润决定的。③获得资金较轻松，预测能获得的收益较高，还能够一定程度抵减物件上涨的影响。

（2）普通股筹资的缺点：①资本成本较高。首先，公众投资使用这种方式承担更多的风险，想获得的报酬相比也更多。其次，支付股息不能够在税前支付，没有抵减所得税的效果。最后，该方式的发行成本也比其他证券高些。②发行新股稀释了原有股东的权益。③发行新的股票造成公司股票价格下降。

（三）长期借款筹资

1. 长期借款的一般程序

（1）选择贷款机构。对贷款机构进行认真的分析以减少成本，比如银行与借款企业关系、银行关于贷款风险的政策等内容。

（2）企业提出贷款申请。企业对银行借钱，就要面对银行进行申请，呈交借款申请书，交给银行要求的材料。

（3）银行进行审查。银行就企业的经营范围、获得盈利的情况、真实财务情况、信用评级等多方面做详细的审核。

（4）签订贷款合同。贷款合同就是要求银行准时提供约定的资金数额，公司按期支付利息，期满还回本金的约定性材料。

（5）企业取得借款。拟订的贷款合同实行了，银行就要按时把款项划给企业，企业将款项投入生产。

2. 长期借款的评价

(1) 长期借款的优点：①取得资金迅速。筹资过程比较简便，不需要印制证券、报经上级审批等，不需要耗费太多时间，能快速取得资金。②资本成本较小。长期借款利息主要是能在计算所得税前扣除下，利率较小，并且在发行时不用承担其他的费用。③非常灵活。企业在获取长期借款时，能够与金融机构直接频繁交流。

(2) 长期借款的缺点：①财务风险较大。长期借款往往是相约好的到期还本的时间及支付的利息，所以面临较大风险。②有一定的门槛要求。签订的贷款合同银行往往给予企业较高的要求，满足条件才予贷款，造成对企业未来的借款、将资金用于生产活动都有较大的影响。

(四) 发行债券筹资

1. 债券的销售方式

和发行股票差不多，债券的销售方法也相似于公司面对一般人群公开时就使用的情况，这就有自己销售与承销，承销还能够细化成包销和代销两类。我国相关的制度要求，公司对一般人群公开买卖债券，必须与符合要求的证券承销单位签写销售条款，交给证券单位来销售债券。

2. 债券筹资的评价

(1) 债券筹资的优点：①资本成本很小。债券给出的利息支出就有抵税的效果，所以债券筹资资本成本较小。②能够维持权益者控制力。购买债券的人没有影响企业运行的权利，是单纯的债权所有人，所以对企业权益者的掌控大权不存在影响。③筹资的范围宽泛。面对全社会筹集，所以获得资金的基础宽泛，更能够完全获得所需的资金。

(2) 债券筹资的缺点：①偿债风险较高。有规定好还本金的时间，需履行归还本金支付利息的承诺。如果企业没能够妥善地经营，就影响先前投资人的获利收入，很可能企业因无力偿还造成破产。②门槛条件多。购买债券的投资人为了要维护自己的财产，签订债券合同时设立维护自身事项是很有必要的，所以对企业就有一些限制，对企业财务自由运转产生限制。③获得资金数量有限。它获得的是债务资金，不能有太多，太多会对企业信誉产生影响，还可能使良好的资金结构恶化，使综合资金成本过高。

三、企业筹资结构的优化对策

（一）加强企业筹资管理的意识

为了实现企业的可持续发展和壮大，企业管理层应加强对企业筹资管理的意识。

首先，他们需要建立起优化企业筹资方式与结构的意识。这意味着他们应该积极寻求各种筹资渠道，并根据企业的具体情况选择最适合的筹资方式，如股权融资、债务融资或混合融资等。同时，他们还应该注重筹资结构的合理性，避免出现过度依赖某一种筹资方式或过度集中在某一种融资渠道上的情况。

其次，企业管理层需要广泛学习相关的筹资理论。其中包括学习金融市场的运作规律、资本结构的优化原则以及风险管理的基本方法等。通过对筹资理论的学习，他们可以更好地理解筹资活动的本质和影响因素，从而更加科学地进行企业筹资管理。此外，他们还应该关注国内外企业筹资的最新发展动态，及时掌握市场变化，为企业筹资决策提供准确的信息支持。

最重要的是，企业管理层应认识到企业筹资对企业壮大的重要性。筹资是企业融入市场、发展壮大的重要手段之一。通过有效的筹资活动，企业可以获得必要的资金支持，满足企业运营和发展的需要。筹资还可以帮助企业降低融资成本，提高财务杠杆效应，增强企业的竞争力。因此，企业管理层应高度重视筹资工作，将其纳入企业战略规划的重要组成部分，并积极推动筹资管理的改进与创新。

（二）采取多种渠道进行筹资

为了降低财务风险并实现更快地发展，企业应通过多种渠道进行筹资。单一渠道筹资存在较大的风险，因此企业需要采取多元化的筹资方式。这意味着企业应同时考虑不同的筹资方式，如股权融资、债务融资、资产出售等，以便根据具体情况选择最适合的筹资途径。

同时，企业还应扩展取得资金的方式，使资金的构成更适合企业自身情况。这可以包括寻找合适的投资者或合作伙伴，引入风险投资、私募股权投资等，以获得额外的资金支持。此外，企业还可以通过销售产品和提供服务的方式来获取资金，在这种方式下，企业可以将资金的支付分散到以后的一段时间内，从而降低资金成本。

在考虑多种渠道进行筹资时，企业应根据自身的发展情况进行合理的股权筹集。企业可以考虑适度增加股权融资，通过发行股票或引入新的股东来增加资金来源。这样可以有效地分散风险,同时为企业提供更多的发展机会。

(三) 考虑资本市场状况与公司的经营状况

资本市场运营顺利和公司运营状况盈余的情况下,许多人或者单位都愿意利用这种有利因素去筹集更多的资金,以扩大本企业的生产规模,或者扩充自己的科研实力,来增加资本投入,从而支持企业科技创新。就出资人而言,亦非常愿意在这之上得到大量资金。例如面对权益买卖环境比较乐见的情况下,股票持有者更乐意购入更多股票。另外,如果筹集资金的环境不佳或企业的运营现状不顺利,企业收获资金将是非常艰难的。

(四) 不断优化企业资本结构

企业的资金比例能够用多种方式对取得资金的方法产生影响。面向某些生产设施对于资产占的份额较多而且生产设施还空闲、达不到开工要求的企业来讲,这些企业能够利用租赁出租停用的设施取得资金,进而又使用融资租赁方法取得符合本企业生产要求的机器,这样就又能开工运营,还充分用上了企业空置的设备去向别的企业赚取资金用于生产经营。对部分拥有较大资产变动性大的公司而言,这些企业的负债所占的份额往往较大,循环周期短,所以企业变动性大的资产能够去偿还之前的借款。

第二节 企业投资与全媒体变革影响

企业投资是指企业对现在所有持有资金的一种运用,其目的是在未来一定时期内获得与风险相匹配的报酬。

一、企业投资的相关知识

(一) 企业投资的不同分类

根据不同的标准,投资有不同的分类。企业投资主要有如下几种分类:

1. 长期投资和短期投资

按投资回收时间的长短,企业投资可分为短期投资与长期投资两类。

短期投资又称流动资产投资,是指能够并且也准备在一年以内收回的投资,主要指对货币资金、应收账款、存货、短期有价证券等的投资。

长期投资则是指一年以上才能收回的投资,主要是指对厂房、机器设备等固定资产、无形资产、长期有价证券的投资。

相对而言,长期投资的周期长、投资额较大、风险较高,对企业的未来发展往往会产生重大影响。

2. 直接投资和间接投资

按投资与企业生产经营的关系,企业投资可分为直接投资和间接投资两类。直接投资是指投资者将资本投入投资项目并直接参与企业经营,资金所有者和资金使用者是统一的。在非金融性企业中,直接投资所占比重很大。

间接投资是指投资者以其资本购买公司债券、金融债券或公司股票等各种有价证券,以预期获取一定收益的投资,由于其投资形式主要是购买各种各样的有价证券,因此也被称为证券投资。资金所有者和资金使用者是分离的,投资者的目的只是取得其资本收益或保值。

3. 对内投资和对外投资

按投资方向,企业投资可分为对内投资和对外投资两类。

对内投资是指资金投向企业内部,形成各项流动资产、固定资产、无形资产和其他资产的投资。如果一个公司对内投资的现金流出量大幅度提高,往往意味着该公司正面临着新的发展机会或新的投资机会,公司股票的成长性一般会很好。如果一个公司对外投资的现金流出量大幅度提高,则说明该公司正常的经营活动没能充分吸纳其现有的资金,而需要通过投资活动来寻找获利机会。

企业对外投资就是企业在其本身经营的主要业务以外,以现金、实物、无形资产方式,或者以购买股票、债券等有价证券方式向其他单位进行投资,以期在未来获得投资收益的经济行为。

对内投资都是直接投资,对外投资主要是间接投资,也可以是直接投资。对外投资主要是证券投资。

(二) 企业投资决策的一般程序

企业投资的成败关键在于能否在激烈竞争的市场环境下,把握有利时机,做出合理投资决策;一旦决策失误,就会严重影响企业的财务状况,甚至会造成破产清算。因此企业应按一定的程序,运用科学的方法进行分析论证,以保证决策正确有效。

投资决策一般按以下程序进行:

第一,确定需要做出决策的目标。

第二,针对决策目标提出若干备选方案。

第三,进行市场调研,为每个备选方案收集尽可能多的决策相关资料(如政治、经济、法律、社会环境等)。

第四,根据可计量因素的资料,运用科学的理论和方法,对备选方案进行可行性分析比较。

第五,对非计量因素,分析考虑对投资方案的影响。

第六,确定最优方案,写可行性报告,请上级批准。

第七,由公司领导者做出决策,接受或拒绝投资或重新调研。

当投资方案确定后,应制订具体的投资计划并及时足额筹措资金以保证投资项目如期进行。整个实施过程中要做到事前、事中及事后的适时控制。在执行过程中如果发生重大变化,应具体问题具体分析,做出新的评价,以避免损失。投资项目结束后,还需进行事后审计,将投资项目的实际表现与原来的预期相对比,总结经验教训。

二、企业投资面临的实际问题

投资对企业长期发展具有重要的战略意义。对于企业来说,一项成功的投资活动需要企业在投资前调取丰富充足并且可靠的信息,而后进行缜密的规划,最终做出合理决策,同时全程对整体投资行为进行监督管理和及时调节。

近年来,我国市场经济蓬勃发展,国家经济机制和政策逐步完善并覆盖至多领域企业市场,企业投资活动数量因此与日俱增,同时,这也对企业投资行为、管理水平提出了更高的要求。目前我国企业在投资方面主要面临信息获取困难、投资资金短缺、投资项目缺乏精细管理等实际问题,这些问题是企业乃至国家经济亏损的重要原因。

(一)投资来源有限、缺少充足的资金

对于一个企业的发展来说,投资活动至关重要,而充足的投资资金和清晰可靠的投资渠道是开展投资活动的重要基础,同时也是企业生存以及顺利发展的关键一环。企业的资金构成主要分为两个方面,首先是在对外投资活动中,企业需要有充足的自有资金以保障企业的正常运转和资金流动,其次是外部筹措资金用于企业的投资发展建设,另外针对企业自身情况,与相关投资项目达成合作而产生的收益是企业资金的重要组成部分。然而,对于大部分企业来说,其投资行为的决策过程依然遵循传统路径,局限在信息收集框架内,面临着投资来源少、资金短缺等老问题。近几年,我国整体投资市场多持保留姿态,

这使得企业获取外部投资的机会再次减少，导致企业资金流动机会受限，企业发展缺少充足的资金以及合适的机会，长此以往，企业将陷入发展困境。

（二）投资市场信息的不对称

一是投资项目质量的信息不对称。通常情况下，企业内部管理层人员，相较于其他股权投资方，对企业的投资评估会更加准确，以及对自身所处行业领域的竞争细节也更加了解。而投资方若要得知同等体量的信息内容，相对而言则困难得多，甚至要付出高昂的成本，信息不对称在其中产生。此外，一些企业尽管在内部人员眼中投资情况不利，但为了吸引投资方，融资企业多会对自身真实状况加以粉饰，掩盖已经出现的问题，并做出超越自身能力的不当承诺，在投资方的前期调查和判断过程中做出误导，这也为后期投资方的收益埋下隐患。

二是财务团队运营能力判断不明。在实际股权投资运作中，投资方对融资方经营管理能力强弱的真实信息难以掌握，只能通过简单的履历或者为数不多的交往做出大致的判断。投资方在做出投资行为前，由于信息"围墙"的存在，无法对企业方管理层的能力以及是否具备投资价值与投资前景进行充分的了解和准确的判断。

（三）投资项目财务管理亟待加强

在企业投资的过程中，精细的投资管理流程（前期研究—预算管理—项目监督审查）和专业的投资管理体制是企业获取收益、促进企业经济效益提升的重要前提。随着近年来我国经济的快速发展，不少企业却没能及时建立合理的投资管理机制，导致企业在投资活动中部分环节衔接不当，如投资决策前的科学指导、信息采集、背景调查等专业性工作不能充分落实，缺乏在投资前进行充分的风险评估，因此在投资过程中因为管理矛盾产生不可控的问题，投资后监督和审计缺位，致使企业最终的投资效益受损。

三、全媒体发展对企业投资行为的影响

资本市场的长远发展离不开对中小投资者的引导和保护，离不开媒体工作者的新作为。目前，媒体业经过数十年的发展，依托人工智能、大数据、区块链等技术，形成了以"中央厨房"为雏形，涵盖"两微一端一抖"（微博、微信、客户端、抖音）多平台的全媒体格局，其发展之迅猛，为企业发展提供了新平台，也为企业投资过程中财务部门工作的开展打开了新思路。

（一）投资前：信息发布与获取

随着手机及互联网的普及度大幅提升，人们习惯在社交媒体平台浏览、获取信息，如今企业也在顺应趋势，变换信息发布渠道。

无论是传统媒体还是现在渗透到人们生活方方面面的新媒体，都在金融投资领域开拓出一片新领地。传统媒体代表有《21世纪经济报道》《经济观察报》《经济半小时》等；在新媒体方面，公众号"金牛财经""央视财经"，抖音号"直男财经"等，覆盖人群过亿，日均浏览量均超百万。借助媒体平台，企业可以自身优势特色为依托，建立品牌形象，不仅可以在消费者面前树立可信形象，还能够有效地在企业之中建立链接，为公司的投资决策打下良好基础。

（二）投资中：信息判断与影响

如今政府、媒体、企业之间的联系越发紧密，在相关领域的活动和会议报道中，多会提供专业性的政策分析文本，同时自媒体会在社交媒体提供多方面的分析视角，为企业在投资过程中的判断提供政策依据和数据范本。

（三）投资后：监督与管理

新闻媒体可以对市场情绪以及投资决策产生长期的影响。当新闻媒体引发了人们大量的负面想法时，投资者在对经济前景进行评估时，会被媒体所报道的负面情绪所影响，悲观情绪会使他们害怕财务业绩下滑，并开始调整投资决策。

媒体具有公信力及社会影响力，是投资者获得信息的重要平台，因此媒体口径可以通过直接调整投资者的预期进而影响企业利益。在媒体报道中，当企业呈现可信、专业的正面形象时，在一定程度上可以推进投资，降低企业的融资成本。而一旦企业在报道中的形象是负面的，不仅仅是官网的投资企业，包括政府都会收紧对企业的资金投入，使得企业的融资受限，进而影响企业的整体规划发展。同时，媒体对企业进行具有负面影响、涵盖负面信息的报道，无疑会对企业管理者的职业生涯和个人名誉产生影响，并且影响企业在公众以及业界的品牌形象，甚至一旦引发社交媒体上的舆论热潮，多方媒体以及网民发言会对企业产生巨大压力，一定程度上可以有效帮助其他企业在投资时降低风险。因此，企业应加强投资后的监督与管理，避免媒体报道可能产生的负面影响。

四、全媒体变革给企业投资行为带来的启示

（一）树立财务部门信息技术的运用意识

媒体平台众多的信息来源难免导致信息负荷。如果投资者面临信息过载，可能无法有效筛选出与投资相关的正确信息，从而降低投资决策质量。这就需要企业构建强大的技术和信息平台，为财务和业务部门架起"高速信息通道"，让信息和平台发挥其本身的最大价值。

第一，建设信息化平台。企业搭建信息化平台，将企业业务、财务工作等工作有机结合。让业财融合的工作步骤更加简便，操作更加简单，各方面的数据更加准确，为业财融合工作提供技术支持。同时收集媒体发布的报道、事件、政策分析、评论等内容，提取关键词信息，整合数据，优化信息收集工作。

第二，充分利用信息技术中先进的智能分析工具。对收集的数据进行科学分析，从而制定更为科学的管理策略，推动企业依此执行更为合理的投资计划。

第三，借助区块链技术，保障企业安全运营。信息技术具有一定安全性和保密性，企业利用信息技术可以将企业财务数据和其他数据妥善保存和利用，极大地减少企业相关数据丢失、被篡改和盗用的风险，让企业运营更加安全。

（二）实施量化考评，规范投资过程中的人员管理

开展有针对性的培训，从而提升团队整体实力，提升企业员工业务水平。部门对照比较管理方案，研讨并制定内部比较管理评比细则，充分调动职工干事创业的激情，营造积极进取、互帮互学、共同进步的团队氛围。

1. 设计全面的绩效考核制度与 KPI 指标（关键绩效指标）

绩效考核指标，是衡量工作完成质量的重要标准，为了提升考核结果的客观性与准确性，其制定要从管理层与非管理层两个角度出发。对于管理层员工而言，绩效考核不仅要关注其业务能力，还要涵盖管理方面的内容，从业绩考核与管理考核入手。对于非管理层员工而言，以综合绩效考核为主要手段，采用量化评价标准，各部门领导人员参与其中，解决过去"一言堂"绩效考评存在的问题。参照绩效考核中的各个大类，遵循客观、量化、全面、公平的原则，对管理岗位、非管理岗位进行 KPI 指标设计，以"定量优先，定性为辅"为主要原则，加强个人绩效与企业绩效之间的联系。

2. 促使奖惩机制与绩效考核结果挂钩

制定健全的绩效考核制度后，还要与奖惩机制进行结合，以更好地为企业薪酬管理服务。量化的绩效考核指标，会在职工完成工作任务的过程中不断积累，职工平时在岗位上的工作行为、态度、任务完成质量等，都会成为影响薪酬奖金发放的重要因素。从月度绩效来看，要考虑到淡旺季的因素，由财务部门给出绩效目标月平均值，根据指标完成情况来发放奖金。从年度绩效来看，要明确业绩目标完成情况与奖金基数标准，提升绩效考核的科学性。量化优先的 KPI 绩效管理，可以避免人为因素的干扰，保证考核结果的准确性与客观性，同时也让整个考核流程有章可循、透明公开，即使员工有不满意的地方，也可第一时间向上级反映。

（三）科学利用媒体信息，要求财务人员精准投资预算

用预算指导生产经营，财务管理部门组织各部门负责人全面开展预算编制工作，本着"适度从严、科学精准、上下结合、整体平衡、量入为出"的原则，集中研讨分项预算，用零基础预算的思想，结合往年的历史资料和市场信息，做好事前编制、事中控制、事后考评，保证预算编制的科学性、全面性、有效性，更好地服务生产经营，实现效益最大化。

首先，整合资源，合理化配置。企业在投资过程中对于企业管理层和员工都应制定相应的管理模式，同时结合企业生产、销售、运营等管理过程，确保财务管理工作与其他管理工作充分融合，从而采取行之有效的措施，最大限度地减少资源的浪费。在投资过程中，业财管理体系是企业战略发展的指导性力量，对于企业内部资源的合理化配置和企业内部高效协调发展具有十分重要的作用。

其次，完善企业投资管理机制。全面分析企业各个环节和流程的运行状况，确保企业投资体系架构能对企业投资行为做出合理设计、科学规划，以实现企业内部资源的合理配置，在风险可控的范围内进行权限设计，确保企业内部高效率高质量运行。

（四）加强对财务人员的相关培训

在全媒体深化改革的大背景下，企业相关投资人员需从多方面、多维度提升自身专业技能，与数据时代的发展齐头并进。

第一，提升业务技能。相关财务人员应对企业以及行业的各个环节有充分了解，熟悉产、供、销各个流程环节。媒介为企业投资行为带来的革新并不是将传统的关键内核完全丢弃，而是因地制宜地融入整个组织中，将复杂的业务模型化和数据化，用精湛的业务能

力助力企业投资。

第二，提高财务人员的专业技能。掌握会计准则及税法相关条例，熟悉公司财务报告，精通管理会计的理念，熟练运用财务分析方法；熟练地掌握 Excel、数据库建模等分析工具，更先进的商业智能软件，能设计适用于管理层自助使用的报告和仪表盘工具；以使用信息工具的技能为重要抓手，熟练并有效地使用信息化系统平台，积极接触行业数据库信息，具备良好的信息检索、数据提取、资源整合能力。

第三，提高沟通技能。在"万物皆媒"的背景下，企业投资人员应具备较强的沟通理解能力，在更好地应对"前台"业务的同时，也应当具备基本的财务知识，并且能够灵活运用，以沟通解决"后台"问题。同时，企业投资人员在了解投资流程的基础上，也需要扮演"讲解员"的角色，深入浅出地讲解公司投资行为，为公司的媒体形象宣传做出贡献，这对企业投资相关人员的沟通理解能力有较高的要求。

第三节 企业营运资金管理及强化

一、企业营运资金概述

（一）营运资金的内涵及构成

营运资金又称营运资本，是指企业生产经营活动中占用在流动资产上的资金。营运资金有广义和狭义之分。广义的营运资金又称毛营运资金，是指企业生产经营中占用在流动资产上的资金；狭义的营运资金又称净营运资金，是指企业某个时点上流动资产与流动负债的差额。通常所说的营运资金都是指狭义的营运资金，它是判断和分析企业流动资金运作状况和财务风险程度的重要依据。

营运资金用公式表示如下：

$$营运资金 = 流动资产 - 流动负债$$

流动资产是指可以在一年内或超过一年的一个营业周期内变现或运用的资产。流动资产具有占用时间短、周转快、易变现等特点。企业拥有较多的流动资产，可在一定程度上降低财务风险。流动资产在资产负债表上主要包括的项目是：货币资金、短期投资、应收票据、应收账款、预付费用和存货。

流动负债是指需要在一年内或超过一年的一个营业周期内偿还的债务，具有成本低、偿还期短的特点，必须认真进行管理，否则，将使企业承受较大的风险。流动负债包括短期借款、应付票据、应付账款、预收账款、应付工资、应付福利费、应付股利、应交税金、其他暂收应付款项、预提费用和一年内到期的长期借款等。

（二）营运资金的特点

为了有效地管理企业的营运资金，必须研究营运资金的特点，以便有针对性地进行管理。营运资金具有以下特点：

第一，周期的短期性。由于流动资产和流动负债在一年或超过一年的一个营业周期内完成一次循环，相对于长期资产或长期负债而言，营运资金的周期具有短期性。根据这一特点，营运资金需求可通过商业信用、发行短期债券、短期银行借款解决。

第二，数量的波动性。流动资产或流动负债容易受内外条件的影响，数量的波动往往很大。随着企业内外条件的变化而变化，流动资产如存货、银行存款等会出现时高时低，波动很大。季节性企业如此，非季节性企业也是如此。随着流动资产数量的变动，流动负债的数量也会相应发生变动。因而在企业营运资金管理中，要特别注意企业资金来源的稳定性和资金使用的灵活性，确保资金的供需平衡。

第三，来源的多样性。营运资金的需求既可通过长期筹资方式解决，也可通过短期筹资方式解决。企业筹集营运资金的方式也较为灵活多样，通常有银行短期借款、短期融资券、商业信用、应交税金、应交利润、应付工资、应付费用、预收货款、票据贴现等多种内外部融资方式。

第四，实物形态的变动性和易变现性。企业流动资产的占用形态是经常变化的，一般按照现金、材料、在产品、产成品、应收账款、现金的顺序转化。为此，在进行流动资产管理时，必须在各项流动资产上合理配置资金数额，做到结构合理，以促进资金周转顺利进行。

此外，非现金形态的营运资金如存货、应收账款、短期有价证券等流动资产一般具有较强的变现能力，如果遇到意外情况，企业出现资金周转不灵、现金短缺时，便可迅速变卖这些资产，以获取现金，这一点对企业应付临时性的资金需求有重要意义。

（三）营运资金的管理原则

营运资金管理是对企业流动资产及流动负债的管理。一个企业要维持正常的运转就必须拥有适量的营运资金，因此，营运资金管理是企业财务管理的重要组成部分。要搞好营运资金管理，必须解决好流动资产和流动负债两个问题，换句话说，就是下面两个问题：

一是企业应该持有多少流动资产，即营运资金持有的管理。主要包括现金管理、应收账款管理和存货管理。二是企业应该怎样来进行流动资产的融资，即营运资金筹措的管理。包括银行短期借款的管理和商业信用的管理。

可见，营运资金管理的核心内容就是对资金运用和资金筹措的管理。加强营运资金管理就是加强对流动资产和流动负债的管理。企业进行营运资金管理，应遵循以下原则：

第一，保证合理的资金需求。企业应认真分析生产经营状况，合理确定营运资金的需要数量。企业营运资金的需求数量与企业生产经营活动有直接关系。一般情况下，当企业产销两旺时，流动资产会不断增加，流动负债也会相应增加；而当企业产销量不断减少时，流动资产和流动负债也会相应减少。营运资金的管理必须把满足正常合理的资金需求作为首要任务。

第二，提高资金使用效率。加速资金周转是提高资金使用效率的主要手段之一。提高营运资金使用效率的关键就是采取得力措施，缩短营业周期，加速变现过程，加快营运资金周转。因此，企业要千方百计地加速存货、应收账款等流动资产的周转，以便用有限的资金，服务于更大的产业规模，为企业取得更好的经济效益提供条件。

第三，节约资金使用成本。在营运资金管理中，必须正确处理保证生产经营需要和节约资金使用成本二者之间的关系。要在保证生产经营需要的前提下，遵守勤俭节约的原则，尽力降低资金使用成本。一方面，要挖掘资金潜力，盘活全部资金，精打细算地使用资金；另一方面，积极拓展融资渠道，合理配置资源，筹措低成本资金，服务于生产经营。

第四，保持足够的短期偿债能力。偿债能力的高低是企业财务风险高低的标志之一。合理安排流动资产与流动负债的比例关系，保持流动资产结构与流动负债结构的适配性，保证企业有足够的短期偿债能力是营运资金管理的重要原则之一。流动资产、流动负债以及二者之间的关系能较好地反映企业的短期偿债能力。流动负债是在短期内需要偿还的债务，而流动资产则是在短期内可以转化为现金的资产。因此，如果一个企业的流动资产比较多，流动负债比较少，说明企业的短期偿债能力较强；反之，则说明短期偿债能力较弱。但如果企业的流动资产太多，流动负债太少，也不是正常现象，这可能是因流动资产闲置或流动负债利用不足所致。

二、企业营运资金管理存在的主要问题

（一）管理意识相对薄弱

现阶段，绝大多数企业都认识到营运资金管理的重要性，能够通过采取具有针对性的

管理举措取得良好的经济效益，但实际运行中，一些企业营运资金管理意识低下，未能形成科学合理的资金管理理念，创建的资金配置和应急机制也无法落到实处。这样一来，会隐藏各种问题及危机，严重阻碍和制约资金的周转，使企业面临较大的压力及风险。例如，部分企业对于闲置资金的处理，缺少相应的短期理财投资管理活动，一味地构建和拓展新项目，进行买地或是建造办公楼等长期性资产活动，稍有不慎就会引发资金紧缺、信贷加剧、资金资产浪费损失严重等问题，甚至致使整个资金链断裂和破产局面。因此，企业营运资金管理意识薄弱、缺乏对资金的筹措及管理会导致融资困难加大，周转资金严重不足，甚至形成恶性循环。

（二）资金短缺或闲置

企业营运资金最显著的特点是流动性强，一些企业认为营运资金中的现金资产越多越好，出现大量的现金闲置的情况，从而使得管理成本增加。现金资产过多过少，都不利于企业的长远发展。运营资金过少，将会对企业日常生产活动的正常开展造成负面影响，使得企业在开展日常工作时缺乏足够的资金支持，难以有序开展各项活动；运营资金过多，则可能造成企业在开展日常工作时出现资金浪费问题，或者导致企业存在大量的闲置资金，对企业未来发展产生不利影响。一些企业对营运资金缺乏合理的资金预算管理，对于资金预算往往凭借经验加以判断和处理，缺乏对大量数据的理性分析。如果对项目的资金预算科学性不足，既会降低资金的利用率，又会增加企业运行发展的内外压力。

（三）运营效率不高

企业营运资金的运营效率不高，使得业务及管理活动面临重重困难，其主要表现有现金管理缺乏有效控制、应收账款周期缓慢、流动负债管理不当。对于现金管理，企业会忽视日常控制，过于侧重短期经济效益的增加，这种粗放式的管理方式会埋下一定的安全隐患。应收账款管理水平能够反映出企业的营运资金流动情况，若是缺乏一套完善的信用制度和赊销政策，再加上催收力度较小则会造成资金回收困难的问题。特别是中小企业，流动负债管理不当会引发债务无力偿还等问题，增加经济危机。

（四）信息化建设不足

企业的营运资金管理工作以粗略管理为主，近年来，随着信息技术的快速发展，部分企业不断与时俱进、追求发展，创建出营运资金管理的信息化平台。然而，在实际的运用中仍依赖于传统手工的"人控"形式，机控（信息技术）的操控流于表面，反而造成业务效率和管理效率低下。因此，如何真正发挥信息化的资源优势成为企业在营运资金管理中需要重点考虑的问题。

三、企业营运资金管理的加强措施

（一）树立营运资金管理意识

企业应立足自身发展现状，自上而下全面增强资金管理意识，打造科学完整的资金管理体系。

一是企业管理层应组织各部门及人员强化对资金管理相关理论知识的学习，要求各部门鼎力配合、互相协作，进而构建具有可行性和科学性的资金管理体系，并拓宽专业人才的招聘及培养渠道。

二是大力鼓励和倡导全员投身到资金管理工作中去，在业务培训、实践活动中，渗透资金管理理念及方法，还要将资金管理工作融入企业文化建设，形成符合多元经营理念的资金管理文化体系。

三是创建资金责任制，将各项资金的流动、使用及管理情况落实到个人，与各部门及人员的职责相结合，围绕各部门及人员工作特点，实行一套激励约束机制，并纳入绩效考核中，保障营运资金管理的成效。此外，企业还应严格遵循法律法规，结合市场行情、自身情况，切实制定一套丰富完整的营运资金管理制度，以新思维、新方法、新技术，创新资金管理形式，持续提升资金管理工作的质与量，为企业的长远发展创造有利条件。

企业应根据资金管理的现实情况打造一套科学合理的风险管理体系。营运资金管理工作烦琐，涉及多个部门及环节，对此企业内部应采取具有针对性的监督管理举措，从整体上把握和明晰营运资金的属性及特点，加强对各项资金资产的规范管理，使该项工作更具效益性和科学性。同时，打造以资金资产为主的风险管理体系，降低运营资金管理风险，保障企业具有良好的发展态势。

（二）全方位、多视角增加运营资金

企业应从全方位、多视角增加运营资金，拓宽融资渠道、增强融资能力，如信贷融资、租赁融资等，尤其要注意的是，应准确预估企业的营运资金需求量，结合营运的实际情况，注重相应的预算管理工作，循序渐进地提升企业盈利水平。

第一，信贷融资。一些银行为保障自身利益，在信贷方面会提出较为严格的要求，在信贷款项高、周期长的项目上不愿意做出让步；而企业应追求高质量发展，坚持诚信为首

的原则，形成一套完善的财务机制，详细记录大量真实的财务数据，特别是与银行之间的信用记录，保障自身的债务偿还水平，并通过采取合理信贷融资的方式，提高自身的盈利能力。

第二，租金融资。租赁融资也是一种比较常见的融资方式，能够帮助企业筹措资金，获取相应的设施设备，还能较好地引进其他投资项目。企业可以通过与租赁公司合作，使用国内外先进的技术及设备，短时间内间接性运用他人资金促进自身企业经济效益的增加。

第三，专项资金。为了给予中小企业广阔的发展空间，我国政府部门采取一系列的扶持政策，降低其运营难度。企业应从自身实际情况出发，积极获取和使用专项资金，充分发挥专项资金的优势，提高自身资金管理水平。

以上是获取和增加营运资金的有效渠道，企业也可及时做出适当的评估与调研，或是参考同行的投资方式，切实降低对金融机构贷款的依赖程度；总结与分析实际运行中的不足之处，创建具有目的性和针对性的营运资金筹资策略，稳步提高企业的盈利能力。

企业营运资金管理从根本上讲就是对流动资产和流动负债的实时管理，因此，企业应增强对现金流动性的控制。新时代下，一些企业为扩大经营规模、获取高额的经济回报，很容易选取比较冒进的投资方式。另外，新型投资项目往往存在较多的不确定性因素，对此应合理规划投资行为，注重营运资金管理和全面预算管理，降低财务危机和信用危机。

（三）建立科学的营运资金管理模式

企业为实现可持续性的长远发展目标，应建立一套科学的营运资金管理模式，做到理论联系实际，制定和实施风险与收益协同的营运资金政策，既要规范流动资产投资管理行为，又要深化流动资产筹资措施，优化资源配置。企业要选择科学合理的营运资金方式，提高资金资产管理的质与量，赢得更多的市场发展机遇，在激烈竞争中保持核心竞争优势。

第一，企业务必做好存货管理工作，依据企业的生产现状与企业未来发展规划来合理调节存货管理工作，避免造成存货不足或者存货过多积压而难以变现的问题。例如，要根据企业当前的生产能力，以及当前市场对企业产品的实际需求情况来规划产品生产工作。存货管理应贯穿业务运行始终，运用经济进货批量的形式，计算存货的相关指标，如保本储存期、保利存储期等，制定存货管理章程及细则，将存货的管理与记录划分为两个独立的板块，促使两个板块发挥内部牵制作用，采取 ABC 分类管理法，对于成本价值高的存货，应重点加强管理，注意存货验收、发货、定期盘存等行为，最大限度上保障存货的安全。

第二，加强先进管理。企业在正常的收支过程中，要处理好各项资金资产，确保日常运行必需的资金额度，运用专业理论及方法，科学测算现金收支，立足资金资产的周转情况，合理编写现金为主的收支方案及实施细则，合理管控运行中的环节及细节。

第三，加强应收账款的管理与控制。企业应创建健全的信用管理制度，从营运资金管理工作的源头上把控应收账款，还可以借助先进的技术手段，降低坏账损失率，节约收账成本，保障较高的盈利水平。

第四，合理有效地利用流动负债，包括对短期借款和应付账款的管理，坚持诚信经营原则，注重企业的信用等级，保持良好信用，充分运用无息贷款政策，维护企业的利益。

（四）完善信息化平台建设

企业应根据营运资金管理工作特点，充分运用信息技术，创建业财融合的信息化建设系统。在信息化系统建设前，围绕营运资金管理工作，提炼和设计具体的控制活动，坚持系统开发性原则，明确控制目标及任务，注重前期测试及评估。整个信息化平台的建设需要各部门及人员的密切配合，汇总反馈性意见，实现关联业务的信息化，推进信息资源的共建共享。与此同时，企业应全过程推进系统运行的持续改进开发，在信息系统固化基本内控架构后，要制定严格的操作规程及细则，在实际运行中，兼顾系统数据的开发应用和系统风险防控。另外，在创建信息化系统的过程中，为提升管理效率、优化业务流程、改善数据质量、提升经济效应，企业应配备与之相适应的运维保障体系，强化设施设备的定期维护、更新、安全性备份、应急保障等，确保资金数据的精准性和安全性。

总之，营运资金管理是一项整体性工作，企业应立足自身发展实际，改善营运资金筹资策略，优化应收账款业务处理流程，依托信息化平台，注重制定多方位的提升策略，最大限度上提升资金的运用效益。

第六章 现代企业管理会计与财务管理的融合发展

第一节 新会计准则影响企业财务管理

财务管理的好坏直接关系到企业的生死存亡，而新会计准则是紧握财务管理发展命脉的要素。企业只有深刻领悟此准则精髓，才能精准引领企业财务管理高质量发展，为企业在新时代增强核心竞争力，打造科学合理的财务管理体系铺就康庄大道。基于此，企业必须因势利导、顺势而为，以新会计准则为导向，创新财务管理模式，最大限度激发此准则在企业运营中对财务管理发展的积极影响，提升财务管理质效，为企业未来发展打造强劲动力引擎。

一、新会计准则内容变化概述

新会计准则是我国为适应国际化发展趋势和新经济社会发展需求而制定的新制度，能更好地帮助企业优化财务管理，使其更加全面、科学合理化，为我国企业良性发展奠定良好基础。新会计准则具有完整性特点，能覆盖企业常规性业务和新经济业务，满足企业在新时代的发展需求。体现中国特色是新会计准则的第二特点。尽管新会计准则已与国际相接轨，部分内容更是借鉴国际会计标准，但并未彻底国际化。相反，国家以社会主义经济体制为基础，立足当代企业财务管理发展需求，在现有会计制度基础上融合新内容，形成全新的会计管理准则，因而更适合我国企业发展需求，更具有中国特色。此外，新会计准则更强调会计信息决策的实用性和相关性，能为企业发展提供更全面的参考。与原有会计准则相比，新会计准则的变化主要体现在以下几个方面：

一是职工薪酬的变化。新会计准则首次对员工离职后的福利薪酬核算进行了明确标注和规定，企业可以按照"应付职工薪酬——离职后福利"项目来处理员工离职薪资问题。同时此准则还对职工现有薪酬水平进行了有力保障，对企业"引才育人留才"产生积极影响。

二是权益披露的变化。新会计准则参考当前经济发展形势，重新优化了其他主体权益披露内容，明确以往企业披露项目和要求的不合理之处，并规定了在企业发展中，必须对企业子公司、联营合作企业等其他主体相关活动权益展开全面披露。

三是财务报表的变化。据了解，新会计准则中亦首次提出，在利润表中企业必须明确列报各项综合收益和其他综合收益，同时还清晰规定了财务报表的形式和内容，强化了财务报表编制的可行性，对企业运营起到积极的推动作用。

二、新会计准则对企业财务管理发展的影响

（一）新会计准则推进企业持续更新财务管理理念

当下，企业间竞争激烈，市场经济发展也是变幻莫测，企业想要从同行中脱颖而出，在市场中占据一席之地，就必须进行改革，特别是发展理念上的变革更是企业发展的重中之重。新会计准则的实施和融合应用为当代企业财务管理与企业发展指明了方向，让企业能够有效改善经营现状，统一财务管理形式和内容，提升企业对资产和负债的有效管理，提高企业在同行中的核心竞争优势。同时，新会计准则并非完全脱离原有会计准则，而是在其基础上予以优化完善，这对提升企业财务管理质量，帮助企业更好地掌握财务数据有积极影响。因此，新会计准则的实施会对企业财务管理理念更新产生积极影响，为企业创造更多经济利益打好理念基础。

（二）新会计准则推动企业管理目标不断更新升级

企业财务管理的完善与发展离不开科学、明确的管理目标导向，只有在正确管理目标的指引下，企业才能快速、高质量发展。因此，企业全面实施新会计准则，既强化了财务管理在企业发展中的重要性，也拓展了企业管理目标制定参考因素，使企业在制定自身财务管理目标过程中，不仅要考虑中国市场经济环境，更要立足本企业未来发展方向和能力，制定一个适合企业持久发展的目标，形成独属于本企业的管理形式。同时，新会计准则还将财务会计和预算会计进行了分离，不仅降低了财务会计人员工作量和工作压力，使财务账目、预算账目更加清晰明了，同时还为企业实现战略性发展目标提供了有效助力。在新会计准则下，企业财务人员和预算管理人员能为企业提供更加精准的数据参考，让企业管理人员在精准数据支持下能更好地制订企业发展计划，确保计划实施的可行性和实效性，带动企业持久发展。

（三）新会计准则增强企业财务风险管理的实效性

财务管理会贯穿企业发展的整个过程，对企业发展有重要影响，特别是企业财务管理

能够为企业决策机构和管理层人员提供清晰、精准的财务信息数据，为其在创新经营模式、规划生产经营活动、降低经营风险及调整组织结构过程中提供支持和推力。因此，企业的发展离不开财务管理，需要借助其来量化不同部门工作价值，激发各部门发展潜能，使其更好地服务于企业，降低企业在市场经营中的风险危机，为企业创造更多经济收益。新会计准则的实施和应用，以最科学最合理的方式强化财务管理，降低其自身成本核算风险，减少经济风险发生概率，为企业创造更多经济价值。同时，此准则还有效优化了企业债务重组，并对资产减值的集体与转回等项目进行了严格规定，能让财务发展更加稳定、持久。

（四）新会计准则强化企业财务筹划与决策精准度

新会计准则对企业财务筹划与决策均带来了不容小觑的影响。其中，在此准则的影响和推动下，企业财务筹划管理空间会持续、不断扩大，财务管理的难度也随之上升，这对财务管理人员而言是一个不小的挑战。在此前提下，财务管理人员通过新会计准则不断精确化数据信息，帮助管理人员更深入、更精准地了解企业损失情况，减小企业债务重组成本核算风力，继而简化纳税程序，减少税务风险和压力。而在企业决策方面，受新会计准则的影响，企业财务管理水平会不断提升，运行效率也会越来越高，这对企业在资金活动过程中占据有利地位，并具有积极影响。同时，随着企业管理人员对财务管理部门重视度的加深，财务数据价值也会越发凸显，这对推进企业各项决策的精准性与运行时效性有积极影响，能满足企业持续、稳健发展需求。

三、新会计准则下企业财务管理的优化策略

（一）加强员工对新会计准则的认知

企业想要在新会计准则下更好地优化财务管理工作，就必须让企业员工从思想上认识并重视对新会计准则的落实和执行，为企业发展奠定思想理论基础。

首先，企业可以邀请一些名校讲师或专家学者到企业内部为员工进行培训指导，让员工更深刻地认识到落实新会计准则的价值，继而转变其思想，改变其行为，确保新会计准则在企业内部落实到位，执行到底。

其次，企业还可以借助官网、微博、微信公众号、抖音短视频等对新会计准则展开宣传，利用多元化渠道传播此理念，加深员工对此准则的理解和认知。企业还可以通过组织"知识竞赛"帮助员工夯实新会计准则理论知识，提高其理论认知和实践运用能力。

最后，企业财务管理人员应严格遵循新会计准则具体要求，完善工作流程，以规范化、标准化资产管理活动，帮助企业实现资源资金利用最大化，为企业创造更多更高经济价值。

总之，在新会计准则大背景下，企业应积极、严格落实新准则相关要求，合理配置、利用企业内部资源，并对其实现有效配置，降低企业投入成本，提升盈利能力。企业还应尽可能地督促员工转变理念，让员工在专家的专项指导和实际案例教学指导中，精准掌握新会计准则要点，为企业持续发展筑牢思想理论基石。

（二）完善企业财务会计管理制度

为确保新会计准则在企业财务管理中的顺利渗透和应用，企业可以根据自身发展现状，以新会计准则为导向，对自家会计管理制度进行更新、优化、完善，构建更为合理的财务管理制度，确保新会计准则能渗透到企业发展的各个环节中，为企业未来发展提供助力。企业还可以不断强化财务管理的相关细节，提升财务内部管理质效，利用新准则新内容助力自身更好地管理金融资产和负债，推动财务管理工作高效、高质量开展。与此同时，企业还可以通过深度解读新会计准则，明确其内容变化和新特征，以此为据，重编财务报表，整顿会计科目，架构健全、科学、系统的财务管理体系，奠定企业财务管理良性发展的可靠基础。

（三）增强财务管理的信息化建设

"互联网+"时代，互联网信息技术的应用必不可少，特别是随着全球经济一体化的不断深入，高效、高质量财务管理是企业良性发展的重要保障。对此，企业可以结合新会计准则的基本要求，立足企业发展实际，对现有财务管理模式和系统进行优化创新，以"互联网+新准则+财务管理"模式促进企业财务管理升级。例如，在新会计准则背景下，企业想要实现双重核算模式，可以通过建立更为智能化的财务管理系统。如在现有系统基础上加入财务会计凭证新模块，升级系统，使其能根据预算分析系统自动生成精准化会计凭证，减少工作人员工作量，提高工作效率和水平。此外，企业还可以借助大数据、云计算等信息技术，升级财务、业务系统功能，将报销、预算审批管理、支付审批、账务处理等人工流程转变为电子化流程，确保数据能为相关部门所共享，为企业财务部门开展相关工作提供良好数据支持。同时，企业还可以进一步规范财务管理信息的相关权限，如更改权限、查阅、办理流程等，通过这些权限设定来作为降低企业财务风险发生频率的有效手段，保证财务管理工作有序展开。

(四) 提升企业财务人员综合素养

人才强企战略是企业发展的重要战略，企业只有建立专业、专注、专一的精英团队，才能让财务管理发展得更快、更强、更好。对此，首先企业可以不断完善内部人才培训机制，以新会计准则新要求为导向，立足财务管理现状，制定系统性、科学性人才培养机制，以针对性强、层层递进的培训方案，有计划地培养高素质人才，打造专业化团队，奠定人才基础。其次，企业可以通过信息化培训手段强化财务管理人员信息化素养，为财务管理信息化建设与发展提供人才支持。一方面，信息化是未来发展趋势，也是企业发展必须慎重对待的领域，企业只有不断加强财务管理人员的信息化素养，才能确保信息化财务管理高效率、高质量展开。另一方面，信息化的影响仍在持续发酵，财务管理人员只有不断强化自身信息化素养，才能更好地胜任岗位要求。不仅如此，新会计准则亦对财务管理人员提出新要求，财务管理人员不仅要有扎实的会计基础知识，更要熟练掌握并运用现代化财务管理工具。对此，企业可以通过外部招聘、内部培养等方式，提升财务管理人员信息化素养，打造专业化精英团队，为企业财务管理发展提供人才支持和保障。例如，公司在新会计准则颁布实施之后，立即组织了财务管理部门相关员工对此准则进行剖析、解读、学习。通过大量培训，让员工对此准则有了更深入的理解和认知，对接下来的财务管理工作创新优化起到积极推动作用。同时，公司还鼓励大家积极投入学习新会计准则队伍中，并通过创建"财务命运共同体"的方式，促使员工互帮互助、互相激励，点燃员工学习的热情，助推企业财务管理由传统式真正转型到管理型，为更好地落实新会计准则，提升财务管理质量奠定坚实理论基础和人才基础。为了进一步加强员工素养，公司还不定期举办"财务知识竞赛"，利用微信公众号、抖音平台等方式宣传员工学习信息化财务管理知识和新会计准则内容，营造良好的学习氛围，促使员工自主加入其中，提升自身综合素养，保证企业各项财务管理活动规范性进行。

总之，新会计准则的实施和应用，对企业来说既是一个千载难逢的机遇，也是一个不小的挑战。在新会计准则的推动下，企业财务管理的目标、风险、资产重组、预算管理等各个方面都会发生较大变化，都能得到有效解决。对此，企业必须抓住机遇，合理运用新会计准则，发挥其优势，解决企业财务管理中的难题，创新完善财务管理体系，加快企业财务管理转型速度，促使其朝向现代化、智能化、数字化体系发展，为企业经济稳健发展提供良好保障。

第二节 管理会计与财务会计的融合思考

一、企业管理会计与财务会计融合的积极意义

第一,进一步增强了企业管理层的决策权。在互联网技术不断促进经济飞速发展的今天,为了使企业管理决策者适应经济冲击给企业带来的一切压力,使企业经营者管理活动不断提质增效,更好地提升企业的运营水平,就需要把财务会计与企业管理财务会计融入发展,为中小企业的运营管理工作实践活动奠定合理的基础,以融入会计管理行业改革发展的要求。

第二,细化职能部门,保持核心竞争力。通过财务会计与管理会计的划分,使公司的核心实力增强,进一步细化公司各部分的职责。在此前提下,既能保障管理会计基本职责的完成,也能保障管理控制决策价值的实现,为进行经营决定进行预见与评价。在此基础上使会计信息资源得以最佳地运用与体现,使公司由最初的重视记账与财务,转变为越来越重视公司决策和财务管理。

第三,转化企业模式,提高经济效益。加强财务会计和管理会计两者的交叉融通,并发展成为现代公司增强市场竞争力的核心能力,以便提升资本的运作效益,以实现现代公司良好的经营效益。同时注重现代信息的引入与运用,以改变传统的公司财务管理模式,符合社会主义现代化发展的需要,以促进现代公司管理制度变革。

第四,促进资金的有效利用。将财务会计与管理会计相融合,能够大大减少企业的资金利用率低的问题,减少工作人员工作繁杂的流程,从而提高企业资金的有效利用,传统的财务管理一般将财务会计与管理会计分开管理,这样就增加了企业的管理成本,造成部门的臃肿,只有将两者融合在一起,才能使员工有更大的发展潜能,落实公司政策方面才不会推诿扯皮,大大提高了企业整体工作效率。

二、企业管理会计与财务会计融合发展面临的问题

一是思想意识不到位,融合不紧密。在中国现代市场竞争压力形式之下,好多企业财务方面的管理问题也日渐突出,主要是中国在市场经济下,中小企业占绝大多数,大多数管理者主要是偏重中小企业财务会计工作而忽视了管理会计的重要性,各部门间联系也不够密切,从而造成了中小企业财务会计工作与管理会计融合的偏差。另外,在市场经济中

企业财务会计与管理会计相互融合的方式没有起到实质性作用，只是表面的一种假象。

二是缺少完整的融合体系。目前中国的管理会计制度仍不健全，具有诸多弊病与不足，企业的管理会计核算没有做到完整化与规范化，缺乏两者融通的灵活性与统一性，导致两者没有恰当的融通方法与规范系统。在中国社会主义市场经济初步建立和发展的条件下，公司也正逐渐地从企业财务会计工作变为经营管理会计，但由于国家和公司的管理体制仍不健全，也尚未完成公司企业财务会计工作和管理会计的正确融合过渡方式。

三是缺少融合发展的新型人才。在对知识经济发展要求日益增强的前提下，由于审计业务中仍以基础会计人员居多，致使审计工作者的素质普遍较低，且对财务会计人员的财会专业知识严重不足。但由于符合国际化要求的现代公司管理人力资源不足，致使公司在市场调节状态下的专业人才紧缺，无法满足现代公司管理战略转型升级。而市场人力资源的分配不平等，使得现代公司要实现由财务会计向管理会计的转变与提升，仍需要一个较长的过渡期。

四是现实应用中缺少核心技术支撑。在网络发达的经济与知识年代，随着企业科技的提高，网络的使用也越来越普遍与规范。但在当时中国社会主义市场经济蓬勃发展的状况下，公司的财会业务管理部门对计算机的使用还没有普遍，因此审计从业者的工作难度更大，工作效率也较低，耗费了更多公司的管理人才和资本，使公司财务会计工作和企业管理会计的融合与发展更加缺乏科技保障，复杂的财务数据和会计核算库也大大降低了管理人员的工作满意度，更不利于公司经营的可持续发展。

三、企业管理会计与财务会计融合的有效对策

第一，推进公司企业管理会计与财务会计工作融合的方式。加大公司内部财务会计人员与管理部门之间的交流力度，以此来适应新形势下公司生产经营活动，进一步对公司财务部门和管理部门进行优化，做到职权统一，充分发挥现代化信息技术的优势，提升公司的整体运行效率，加强各部门之间的紧密联合，以管理为前提在会计实施预测范围内监管公司的活动，提升企业财务会计向管理会计融合的新模式。

第二，健全公司财务会计和管理会计核算的制度系统顺应。新趋势下企业发展战略需要，对公司的经营管理工作计划实行了财务管理监控，使公司财务会计与企业管理会计两个相对单独的部分逐步融为一体，以充分发挥其各自的优势，进一步增强公司的资本经营效益，完善公司的财务经营结构体系，建立健全财务会计和管理会计核算的制度系统，能最大化发挥财务会计与管理会计的职能，逐步形成公司适应现代化发展的全新管理制度，有利于为企业制定合理的发展目标与规划，营造一个良好的企业营商环境。

第三，加快企业管理会计与财务会计的人才培养。加强对高素质会计专业人员的培养，以实现财务会计与管理会计人员的综合发展。提高审计从业人员的工作主动性，增强其职业技能与管理工作的能力。公司在发展中要对财务会计与管理会计同步培训，达到在工作中相辅相成的作用。通过调整企业财务工作者架构，引入现代化的企业管理会计准则的概念和经营方式，满足在经济快速发展的当今社会，更好地为公司服务，维护公司的产品和经营效益，既充分发挥企业财务会计的功能，也实现企业管理会计的真正价值，完成企业财务管理的转型提升，进一步增强公司的市场竞争力。

第四，加快新时代核心技术在财务会计与管理会计融合的运用。借助专业的互联网等信息功能提高财会和管理人员在企业中的沟通与交流，提升企业整体工作效率，并通过数据网络技术对信息进行资源共享，进而扩大公司财务管理的规模，利用数据支撑对整个财务信息进行统计分析，进一步发挥财会的综合核算功能，以达到其与企业财务管理会计的全面融通。两者通过信息资源共享实现了优势互补的效果，从而降低了公司的运营成本。同时减少会计业务的重复性，提高会计核算工作效率，进而切实实现科技信息与公司财务会计和管理审计融为一体的价值。

第五，加快企业制定科学有效工作管理机制的落实。任何一个步骤的实施都离不开科学有效的管理方案和机制，企业要加快财务会计与管理会计的融合，就必须制定科学合理的政策，明确财务会计与管理会计的分工职能，以免出现职权冲突的现象。要规范工作流程，遵守相应的规则制度。在两者融合过程中要时时监控因处理不到位产生的分歧，及时做出调整，做到事前明确责任、事中加强控制、事后考核评价的总基调，从而使财务会计与管理会计融合更具有现实意义，为公司管理者提供强有力的政策保障，推动企业的经济高质量发展。

总之，在新的经济条件下，企业的目标是要迅速在市场中站稳脚跟，提高自己的经济效益，因此在财务会计和管理会计融合的道路上要紧跟时代的步伐，保证科学、有效地推进，企业管理者也要为财务会计和管理会计的融合提供一个发展的动力，要清楚认识到融合的意义，改变现有的管理观念，完善各类会计制度，让企业的经济更加高效地发展。

第三节　管理会计视角下的企业财务管理转型

随着我国信息技术的高速发展，当前企业之间的市场竞争日趋激烈，传统财务管理机制要顺应时代发展的步伐，主动实现财务管理的转型。企业财务管理转型要将管理会计应用到企业的业务流程中,对企业的各项工作流程进行改进。企业要借助管理会计工具让企业的财务与业务实现有效融合。当前,企业所面临的市场竞争日趋激烈,企业要让财务延伸到业务前端,为企业的管理决策提供支持,从而为企业实现价值最大化的目标提供支持。本文认为财务管理转型作为企业财务管理发展的要求,在经济不景气时期开展财务管理转型能够帮助企业实现降本增效目标。对于优化企业业务流程,促使企业实现规范化运作都有重要的意义和价值。

一、企业财务管理转型遇到的问题

第一,预算管理脱离企业的业务。在管理会计视角下要求企业的财务参与业务环节,为企业的业务管理提供支持。但是很多企业在开展预算管理各环节,企业的财务部门和业务之间没有实现紧密沟通,容易导致企业的业务部门参与预算的积极性较低,使企业管理流程要求无法达成,影响企业预算工作正常开展。

第二,财务未参与目标成本管理。目标成本管理工作要求企业让财务参与到企业的采购、生产、销售等环节,但是很多企业在成本管理工作中,财务和各部门之间相互脱节,财务无法参与到企业的财务管理流程中,财务管理各环节的衔接性较差,导致企业成本超支。

第三,财务分析工作不合理。企业开展财务分析不能仅分析财务报表,更要站在企业价值链视角开展分析,但是很多企业的财务分析工作没有站在企业价值链的视角,容易导致企业的财务分析无法为企业工作提供必要的支持。

第四,未有效适应数据时代对财务人员的挑战。在数据时代,部分企业的财务人员不了解数据信息管理要求,无法为系统操作等方面提供支持,也不了解管理会计的要求。由于人员的工作还停留在核算会计层面,很容易被信息系统所取代,导致财务人员面临失业的问题。

第五,未充分分析数据。企业开展管理会计要求企业让财务参与到企业的各项数据分析中,通过分析财务数据为企业的管理工作提供必要支持。但是当前很多企业的数据分析流程不够完善,数据分析仅简单分析财务报表方面的内容,无法分析企业的战略规划等方面内容,不利于为企业的管理工作提供支持。

二、管理会计视角下企业财务管理转型的建议

(一) 基于业务开展预算管理

预算管理作为企业财务管理工作中最重要的部分之一,其是否合理在很大程度上决定

了企业的工作是否科学。在管理会计视角下，预算管理的重点是开展业财融合。企业的业财融合要发挥应有的作用，就要优化管理流程，落实业财融合工作要求，确保企业的财务和业务紧密配合。

第一，优化企业的预算组织体系。企业要改进自身的工作流程，在业财融合下重视财务与业务配合，让企业建立权责分明的管理机制，可以通过设置管理会计小组的方式，让企业的业务部门和财务部门共同参与其中，对企业的预算工作进行分析。管理会计小组负责传统管理模式预算管理办公室的职责，能够让企业的预算更具有可行性。财务部门和业务部门的骨干人员参与管理中，对预算进行汇总、上报、下达、分析、考评等工作，转变了仅由财务部门负责预算工作的现状，让企业的财务在制定预算指标、分析预算等各环节都更加关注企业业务的实际，从而避免了财务和业务相互脱节的问题。

第二，优化预算编制流程。预算作为一个循环体系，在预算编制时企业要充分运用上下结合的方法，分析企业管理工作的实际，借助滚动预算、零基预算等多种方式编制预算，以保障预算数能够符合企业的实际，并促使预算与企业经营实际相吻合，避免不必要的支出发生，通过预算实现对企业管理中各项工作的规划与控制。

第三，优化预算执行流程。企业在预算执行中要建立完善的分析体系。针对企业的营运能力、产品情况、盈利能力等方面因素进行分析，发挥财务部门工作作用。财务部门通过对企业各项业务环节工作的开展情况进行分析，能够判断企业在业务执行中存在的不足与问题，并结合存在的问题改进企业的管理规划。如企业在开展产品分析时，能够根据企业不同产品的成长性、营利性等因素，分析企业在产品上市后的情况，并判断企业产品生命周期等方面的因素，梳理企业的产品从企业到客户各环节的情况，以此制定恰当的市场策略，帮助企业优化自身的工作规划。又如企业在分析盈利能力时，通过分析企业的成本、收入、费用等对企业盈利能力变化带来的影响，能够帮助企业判断如何达成预测利润，并制订恰当的优化方案动态改进企业的盈利机制。

（二）财务参与目标成本管理

目标成本管理是当前企业成本管理工作中最为重要的方法。通过目标成本管理能够让企业的财务参与到企业的管理全流程，帮助企业发现成本管理的不足之处，并分析企业如何在激烈的市场竞争中获得发展。企业成本管理的水平在当前影响着企业的核心竞争力，企业要保持良好的市场份额，实现预期的利润率，就要重视企业的工作流程，提高企业的成本管理效率，并激发人员开展成本管理工作的积极性。

首先，财务人员要参与到研发环节。在研发环节支出虽然较少，但是在这一阶段的成本直接决定了后续的成本,因此财务部门要采用价值工程法对企业的不同产品功能的成本和带来的作用进行分析。在产品质量和功能不受影响的前提下降低企业的成本支出,避免成本过高给企业效益带来影响的问题出现。

其次,优化企业采购流程的成本管理。在采购环节,财务要参与其中对企业的材料进行分析,将企业采购成本细化到具体的材料。只有整体材料都低于目标成本,才能使企业的目标成本管理要求达成。若某个环节的材料成本没有得到控制,要分析是否能够采用其他材料,以降低企业成本。

再次,优化企业的生产流程。企业在生产过程中要通过提高员工工作效率,由财务部门分析不同环节的生产工作要求,并帮助企业实现对生产工作的优化。

最后,在企业的销售环节,企业要对运输费用、销售费用、仓储费用等进行分析,帮助企业分析如何实现对成本的控制。

(三)基于价值链开展财务分析

1. 对企业价值链上的活动进行分析

在经济不景气背景下,企业要对自身价值链活动进行分析,合理确定企业的关键活动,避免不必要的成本浪费,保障企业的各项工作有序运作。于价值链视角的财务分析首先需要确定各项具体的业务活动。在确定业务活动的基础上,区分业务活动是否创造价值,判断业务活动中的各环节是否产生了预期效果,并根据价值链环节情况,判断企业工作达成的效果,对重要的环节进行分析,帮助企业分析如何形成竞争优势。通过识别企业的活动流程和战略规划,判断哪些活动对企业具有战略意义,以此分析相关活动是否给企业带来价值,并在对各类活动进行优化的基础上保障企业的工作趋于完善。

2. 优化企业内部价值链

站在内部价值链的视角开展财务分析,要求对企业内部价值链的各环节进行全面梳理,判断影响企业价值链的各环节因素。

一是对企业的成本进行审查。企业在成本审查时要判断企业的成本管理策略是否合理,分析企业所发生的各类成本是否给企业带来了竞争优势。如通过财务分析发现优化企业的某个环节工作,能够让企业的管理流程变得更加高效,那么就要扩大企业内部环节的优势,改进企业的管理效果。企业在内部价值链中通过对企业各环节的工作进行全面分析,能够帮助企业发现内部价值链需要改进的要点,通过恰当的分析机制帮助企业提高竞争力。一方面,将企业的成本控制在恰当范围内能够帮助企业带来价值,通过内部价值链优化，能够改进内部工作流程并降低成本；另一方面，在内部价值链分析时通过判断能够帮助企业优化管理效率的环节，能够提高企业的竞争力。

二是企业要分析自身内部的价值链中哪些活动能够和竞争对手相比形成竞争优势，如优化产品质量、改进设计等，都可以提高企业的竞争力。企业在对影响企业竞争力的环节进行分析之后，能够判断对企业具有战略意义的活动，帮助企业发现哪些活动是经营过程中不可或缺的，因此，价值链环节要求企业对内部价值链进行分析，找到改善企业内部价值的途径，以确保企业能够提高客户满意度，为企业的发展奠定基础。

3. 开展外部价值链分析

企业在开展外部价值链分析时，主要是分析企业上下游价值链之间的关系。通过判断企业的上游环节和下游环节情况，能够帮助企业分析如何提高企业的竞争优势。通常，在财务分析的过程中要由财务参与到企业的采购和销售环节，在采购环节，要判断企业和供应商之间的联系情况，分析供应链环节产生的成本及各类成本要素的控制情况。在销售环节，企业要分析如何提高购买方的效益，如何提高企业的利润。

一方面，优化企业的上游价值链管理。企业在上游价值链管理中，通过与供应商之间形成协同，能够优化企业的采购环节，控制企业的采购支出，实现企业和供应商之间的共赢。在采购环节中，企业和供应商之间要保持良好的合作关系，让供应商参与到企业的生产环节。根据企业生产所需要的材料，让供应商改进自身的材料，从而帮助企业和供应商之间实现共赢。同时财务要参与到与供应商的谈判中，分析如何获得最优的价格。由财务部门判断规模经济效益的采购要求，并分析企业的经济订货量模型，确保企业的采购工作趋于完善。

另一方面，优化企业的下游价值链管理。企业在下游价值链管理中，要与企业和客户保持良好关系，形成战略联盟的同时提高企业的竞争力。企业在下游价值链管理中要分析如何优化企业的销售渠道，通过改善与客户之间的关系，最大限度地满足客户的要求，从而促使企业价值增值。通常，企业的财务要参与到分析客户需求的工作中，并分析如何优化客户的体验。通过基于价值链展开的财务分析，发现和挖掘企业可实现降本增效的突破口，是经济不景气时期财务人员的重要价值工作之一，是实现业财一体的工作成果体现，也是提升财务人员业务思维、拓展管理格局、参与运营管理的具体形式。

（四）数据时代新型会计人员的挑战

在数据时代下，传统财务工作将被信息系统取代，基础的财务核算、报销流程都会被信息系统代替，若财务人员未实现转型，那么财务人员很可能会被时代淘汰。因此，在数据时代下，财务人员要主动应对时代的发展，主动转变自身思维模式。

第一，重视与业务部门之间的配合。长期以来财务部门和业务部门看待问题的视角不同，在沟通过程中可能存在一定的隔阂。在管理会计的视角下，财务部门要站在业务的视角看待问题，避免和业务部门之间发生矛盾，带来问题。财务人员通过和业务部门进行沟通和交流，能够帮助企业实现预期的管理目标，并站在企业管理层视角，从企业整体角度出发，让企业的财务与业务之间实现相互理解。财务人员在工作过程中要了解自身的职责定位，与业务部门进行主动沟通，并主动提高财务工作理念，帮助业务人员优化工作流程。

第二，财务人员要转变自身思维模式。在财务管理转型的视角下，财务人员要能够形成战略化思维，能够主动参与到企业的管理流程中，通过对各项数据进行全面分析和梳理，站在企业整体的视角为企业的管理层提供建议。因此，在数据化时代，财务人员要善于从各项数据中提炼有价值的信息，将不规则的数据通过梳理形成标准化的内容，以此提高企业的管理水平。同时，企业财务部门也要通过通俗易懂的语言为企业的管理工作提供支持，聚焦企业的管理流程转变自身思维模式。

第三，财务人员要提高自身的计算机操作能力。在数据化时代下，财务部门要提高信息系统的操作水平，熟练使用数据库等工具，详细了解企业的各项系统应用知识，并且能够从企业的各项系统中获取有价值的信息。

第四，财务人员要提升对数据的理解水平。理解数据的价值，做好数据化能力转型。财务人员要适应数据化时代带来的财务职能变革，努力成长为了解企业业务的数据设计师、数据工程师、数据分析师，成为兼具财务知识、业务思维、管理技能和数据技术的综合性财务人才。

(五) 分析数据创造价值

企业的管理会计要能够站在企业的财务数据视角对数据进行分析，帮助企业发现管理流程中的不足之处，为企业的管理工作提供必要的支持。在管理会计的数据分析中，通常包括初级分析、中级分析、高级分析三个层面的分析机制。不同层面的分析分别对应企业的不同决策机制。

首先，在初级数据分析方面包括分析企业的应收应付情况等方面的数据。通过对基础数据进行分析，能够帮助企业发现生产经营流程基础工作的不足。如在对企业的应收账款数据进行分析时，能够判断企业的应收账款周转率及影响企业应收账款周转的主要事项，并针对相关问题予以优化。

其次，中级数据分析要分析企业的专题事项，开展存货专题分析、固定资产专题分析、负债专题分析等。如在分析负债专题时，通过分析企业的财务杠杆、财务风险等方面数据，结合银行的信贷要求合理确定企业的最佳负债比例，将企业的负债比例控制在恰当范围内，从而提高企业的管理水平，让企业充分运用财务杠杆。

最后，高级数据分析要求企业定位于企业的战略视角，分析企业战略环境数据，包括分析企业的外部环境竞争力、市场占有率、经济环境等方面的因素，帮助企业开展战略规划。

总之，管理会计视角的企业财务管理转型，要求企业财务挖掘业务价值，为企业的管理层提供合理建议，借助管理会计体系优化企业的管理流程，使企业的工作有序开展。但是财务管理转型工作并非一蹴而就，要结合企业的实际特点将企业的财务融入业务和管理的全流程，以推动企业实现价值增值的目标。同时，财务人员要全面认识数据对企业健康发展的重要性，做好数据化转型的准备。

第七章 现代企业管理会计在财务管理中的应用实践

第一节 管理会计促进房地产企业财务管理转型

房地产行业进入向管理要红利的时期，房地产企业财务工作面临转型，给作为财务转型先头部队的管理会计工作带来了巨大的挑战。本节以房地产企业为例，从管理会计在房地产企业财务转型中的应用意义入手，分析了管理会计在房地产企业财务转型中的应用现状，并提出了相应的改进措施以供参考。

一、管理会计在房地产企业财务转型中的应用意义

管理会计是财务工作的重要内容，强化了财务和业务的伙伴关系，充分体现了财务业务一体化精髓。管理会计通过对业务部门和会计核算提供的财务信息和非财务信息进行加工、整理、分析，从而达到为企业管理者提供决策支撑的目的。管理会计工作是业务管理与财务管理融合的桥梁，是现代企业经营管理的有效手段和实现内部控制的重要方法，是企业战略落地的重要管理工具。

房地产行业进入向管理要红利的时期，房地产企业面临转型，而财务转型是企业成功转型的决定因素。过去财务人员更多地将时间投入财务基础工作中。可当企业开始进行转型时，财务工作就要以"战略引领""创造价值"为导向，为提高企业经营管理效率做出贡献，因此，推进管理会计工作就变得尤为重要。

管理会计考虑的重点是企业的资源如何达到最高效率的配比，为企业创造出最大的价值。当大量庞杂无序的数据被收集起来之后，管理会计人员凭借着他们对企业战略和对企业生产经营各环节的理解，找寻出每个数据间的关联关系，将看似杂乱的信息搭建起企业实现战略目标的阶梯。管理会计人员统一数据业务及系统口径，标准化处理各系统数据源，实现数据质量的闭环管理，并在此基础上进行分析和可视化展示，为企业决策提供有用的信息。

二、管理会计在房地产企业财务转型中的应用现状

（一）业财融合理念意识有待深化

在房地产管理要红利时代，管理者已逐渐开始注重内部管理，也开始重视财务部门提供的数据及分析，但仍常把财务看作独立的部门，对业财融合的认识，如对财务深入业务所需要的机制安排和支持、财务以提升经营成果为导向牵引业务的功能认识不全面、不深入，因此业财融合的实施常缺少企业管理层的支持。财务中的一些专业术语和专业税务要求不利于业务部门的理解，各个业务部门人员对财务职能、业务流程了解不充分，仍停留在财务部门只负责费用报销、收付款、发工资等传统的印象中，业务部门与财务部门之间较少交流企业经营事务，或者不会主动告知财务部门，甚至部分业务人员认为业务活动开展受到财务部门的制约，业财融合的配合度不高，甚至各部门都对业财融合存在抵触心理。而财务部门缺少对业务情况的了解，许多财务人员没有深入了解业务的意识，只关注到财务相关工作，缺乏财务对业务的牵引指导的作用，且许多房地产企业信息化程度不高，财务人员大量的精力用在财务基础工作上。因此，在业财融合过程中，各方业财融合理念的欠缺，不利于房地产企业业财融合活动的顺利进行。

（二）业财一体化信息系统有待完善

信息化可统一数据口径、提高数据准确性和及时性。业财一体化信息系统是业财融合的有力支持，作为管理会计获取数据的工具，助力管理会计职能有效发挥。通过业财一体化信息系统，管理会计可以通过对前端的销售数据、销量变化、资金安排、建设数据等进行收集、分析和整理，构建成为大数据和云计算的分析模型，及时跟踪项目经营情况，提示经营风险，为管理层提供有用的经营决策建议，为业务开展和经营业绩提升提供支撑。然而在实际中，部分房地产企业信息化程度低，软硬件融合不畅通，导致业务财务信息不能及时地对接，业财间形成"信息孤岛"，企业内部信息无法做到有效传递和共享，增加了内部的沟通和管理成本，也会对信息的及时性和真实性产生影响。企业内部的共享水平低下，信息资源不足，难以完成在平台上大数据的运算和分析，财务部门难以及时全面、准确获取相关业务数据和信息，影响分析报告质量。同时，因大量数据需手上处理，每月财务人员耗费大量精力进行会计核算工作，影响管理会计工作的精力投入。业财一体化系统的不完善大大影响管理会计功能的有效发挥，导致财务无法很好地转型。

(三) 缺乏完善的管理体系和激励机制

完善的管理体系可以给企业开展各种管理工作提供支持，但是当前部分房地产企业在经营发展中没有建立完善的管理机制，各部门在业务规章制度上存在各自为政的情况，没有把业务和财务规章制度相互结合，形成统一的目标。有效的激励制度可以有力地推动公司战略落地，但部分房地产企业还没有制定完善的激励措施，由于关键性的绩效指标是直接衡量完成目标效果的主要依据，然而一部分房地产企业并没有从企业整体发展战略目标入手，没有对行业经济业务进行深入分析，也并没有充分考虑一些关键性的考核绩效指标。在缺少完善的管理机制和有效的激励制度下，无法调动员工工作积极性，不利于业财融合工作的开展，不利于经营业绩的提升和房地产企业战略的执行。

三、管理会计推动房地产企业财务转型的改进措施

（一）重新定义财务人员职责，转变财务人员思维模式

管理会计突破了原有传统会计的工作范围和职责，从业务的角度出发，重新构建企业财务管理的新型模式。首先，地产企业重视财务对业务的控制和引导，财务人员的知识水平和思想不应只停留在会计核算上，而需以地产行业以及企业整体的发展方向为基础，从战略和业务的角度推进财务工作的开展。其次，加强财务人员的学习能力，重塑其知识结构，转变其原有的工作思路，注重与业务的沟通，善于给予解决方案和管理路径，提高其财务管理和企业经营管理水平。最后，引导财务人员深入业务，经常与业务部门组成跨部门工作小组，逐步在实战的过程中提高业财融合的契合度。管理会计在转型过程中，促进管理层和业务部门提升其业财融合的管理理念，支持管理会计的工作。

（二）构建业财融合信息化平台

要提高管理效能，数字化是关键，房地产企业积极构建业财融合信息化平台，通常可以分为三个层次：

第一层次，是联通各业务系统，一方面是联通业务系统和财务核算系统，另一方面是联通内部业务系统与外部系统。各业务系统的联通，打破"信息壁垒"，实现业财数据的集成，形成标准化的数据管理机制，提高数据的统一性，促进各部门之间的高效协同与联通，以及和外部生态伙伴之间的连接，提高信息流转效率，便于财务进行信息收集和分析。

第二层次，是在第一层业财系统联通的基础上构建管理报表系统，通过构建相关的管理模型，对业务和会计基础数据进行加工。且需根据外部市场宏观环境的变化、公司战略变化、管理层的管理需求变化，及时对管理模型进行更新，以真正做到管理决策支持。

第三层次，是在第二层次的基础上进一步提升后，构建管理驾驶舱和管理看板，以管理层和业务部门看得懂的形式展示企业经营情况，形成一个简单而有力的业绩反馈机制，牵引企业经营改善和业绩提升。

（三）不断完善全面预算管理

房地产公司全面预算管理实质是一场全员参与数字化的"沙盘演练"，形成一个精细化的基准，防止失控，保证效率，从而从容地应对变化。全面预算也是企业战略目标的分解与落地的过程，将有限的资源进行有效的配置。

1. 项目全周期动态预算管理

项目全周期动态预算管理，贯穿项目投资测算到项目获取到项目结束的全生命周期。主要工作包括预算设定、过程动态跟踪和项目结算复盘。预算设定，项目全周期利润预算和相关管控指标的设定，作为项目的考核版本。过程动态跟踪，根据实际执行结果、市场情况及对未来的预判，按月动态更新项目经营情况，包括实际数、预计数，形成全周期动态数据。管理会计从项目获取前开始介入，参与项目投资测算审核把关，项目获取后对项目进行动态跟踪，直到项目结算结束，进行全过程监控。一个房地产项目，就是房地产公司的一个投资项目，那么关注的就是项目的投资回报率和投资回收周期。管理会计在此的角色便是动态跟踪相关财务结果指标及差异分析，及时发现影响财务结果的风险和问题，提供决策有用数据和提示风险，牵引业务改进，推动业绩提升。由此形成一个以项目为单位的全周期的预算控制系统。

2. 成本费用预算管理

如何有效地降低成本和费用？笔者认为成本费用控制需要一个"合理的预算"。所谓合理的预算，指的是"性价比"最优的结果，成本费用与业绩提升挂钩，追求的是费效比持续优化提升，而并不是一味追求低价格低成本而让产品质量和工期付出代价。

房地产成本范围包括土地成本和工程成本，成本控制实施项目全周期目标成本管理。成本费用科目细化到末端类别，将基于项目实际及集团内大成本数据库科学、合理编制项目目标成本。细化成本目标到末级科目，同时分解科目责任人并形成激励方案。项目每月更新动态成本，根据项目现场情况，及时反映各类因素导致的成本变动。成本部负责对项目动态成本和经营风险、成本包干落实情况以及各类成本风险，进行监控预警。

房地产成本范围包括营销费用、财务费用、管理费用，费用控制实施项目全周期费率控制和年度费用分类预算额度管理。细化到末端类别费用，根据费用动因，结合以往费用预算执行情况，制定各类费用标准和预算目标。根据"谁使用谁承担，谁受益谁承担"的原则，分解各类费用目标责任人，制定激励措施，挖掘各类费用优化措施。按月度通过预算数和实际数的对比，形成预算执行报告，根据预算执行报告，总结优秀经验做法，深入挖掘不合理的开支，分析超支费用原因及对准超支费用进行风险提示并提出优化措施，形成有效的费用控制机制，持续优化费用，提升费效比。

（四）强化目标管理，完善业绩考核机制

1. 完善业绩考核机制

绩效考核是企业战略落地的重要机制保障，是企业管理一项非常重要的工作，是管理会计工作的重要部分，是财务创造价值的体现。房地产企业处于强竞争环境下，做大做强需要一套符合战略要求的业绩评价体系的支持。有效的绩效考核机制，既重视企业的短期利益，也重视企业的未来发展，能够充分发挥激励作用。财务部门是企业经营数据的汇集中心，人力部门是员工考核的主责部门，在实际执行过程中，由企业总经理牵头，由财务部门和人力部门共同参与建立和完善绩效考核机制。财务部负责在企业发展战略目标下提出合理的相关业绩考核指标、奖金计算方式设定并跟踪指标的执行情况，财务部与人资部门牵头对关键业绩贡献者的分配比例的设定，人资部门负责实际分配。绩效考核机制应紧跟企业战略，以适应内外部环境的变化，促进房地产企业管理水平和业绩水平的提升。

2. 为财务部门和业务部门制定统一的目标导向

地产企业中业务和财务不是相互独立的，很大程度上是环环相扣、互相制约的。比如，工程部门的工期控制影响着销售回款周期，影响着资金占用时间，房子质量问题和无法按时交付会产生法律诉讼和赔付风险。建造成本的控制也影响项目的利润率。销售部门的销售策略和推货去化周期影响资金占用成本、定价则直接影响项目的利润率。房地产项目制定企业的统一目标，为实现企业价值做统筹规划。房地产的绩效考核指标需考虑项目全生命周期维度和全职能维度，制定项目全周期考核制度，覆盖全链条过程管控和全业务管控，涉及各个业务部门，需要各部门按时做好各自的工作，完成分解到部门的目标，同时互相配合才能指向最终的目标达成。

综上所述，在房地产行业进入向管理要红利的时期，积极进行管理会计变革，推动房地产企业财务转型。管理会计紧随着公司的战略聚焦方向，管理会计人员转变财务人员思维模式，跳出财务看财务，深入业务最前端，加强与业务部门的沟通。构建业财融合信息化平台，为管理会计工作提供有力的支持。进一步完善全面预算管理，强化目标管理，完善业绩考核机制。用管理会计的杠杆托起企业财务转型的最终实现，为增强整体价值创造能力，促进企业经济持续健康发展做出应有的贡献。

第二节　管理会计在国有企业财务管理中的应用

目前，随着经济全球化的浪潮，以往传统的会计管理模式已经无法满足当前经济形势多变的需求。因此，迫切需要管理会计对传统管理模式的缺陷进行补充，助力国有企业经营管理者做出高效准确的决定，推进国企经营模式进行变革以适应当前社会对现代国企的要求，推动国有企业转型升级，明确国有企业未来发展方向。将管理会计的合理充分运用作为国有企业管理者决策的重要工具，合理运用能够使企业经营决策更加快捷有效，帮助企业提升市场竞争力并推动企业未来经营发展。由此可见，国企管理者务必加快提升对管理会计应用的认识，通过合理应用管理会计，加强企业内外部建设，推动企业长期稳定健康发展。

一、管理会计在国有企业管理中的应用意义

（一）有利于提高信息分析能力

信息质量的高低直接关乎企业经营决策的准确性，尤其是财务会计信息。但是大型国有企业的规模通常非常庞大，企业的财务信息也非常繁多，这导致国企管理者无法快速准确地识别并运用关键信息，这严重影响了决策的准确性和及时性。而将管理会计在国有企业管理中发挥作用，就能够很好地处理解决这些问题。首先，对关键信息的筛选与鉴别管理会计具有明显优势，能在繁杂的财务信息中精准并快速地寻找出关键信息，排除冗余信息，并通过筛选出的关键信息制作相关分析报告，为经营层做出决策提供了高效的信息技术支持。其次，为更好地做出决策部署，财务信息分析、数据疏导处理在管理会计运用中也起到明显作用。只有对关键信息的准确分析，才能推断出它未来产生的潜在影响、帮助国有企业管理者提高决策的判断能力。

(二) 有利于提高风险监测能力

管理会计能够切实提升国有企业的风险预测能力和经营管理能力。首先，管理会计能规划企业现阶段的经营情况及未来预计的经济活动，并通过大数据中心汇总运用已掌握的经济信息，预测企业经营风险发生的可能性，判断风险的大小，针对所发现的风险特质及时做好充分的防范措施，合理有效降低风险或转移风险。其次，管理会计能在提升国有企业的管理能力中发挥作用，合理运用管理会计的管理职能，从而实现国企管理素质的提升，切实保障国有企业平稳运营与良性发展。

(三) 有利于国有企业大数据科技建设

随着大数据时代的到来，财务信息化改革不断深入，相应财务信息化相关的科技产品不断更新迭代，对财务工作的积极推进起到了积极作用。针对国有企业的特点，自行研发信息化产品或引进外部先进技术是必不可少的，建立健全国企大数据中心，在国企日常管理和信息化改革中起到促进作用。而高效运行财务大数据与管理会计的合理运用是分不开的，只有大数据多方展示财务信息，才能敦促管理会计的高效运行，同时发挥其技术职能。例如某些国企根据大数据对比分析形成预警方案，从而快速筛选企业面临的各类风险，实现提前防范，促进国有企业良性发展。

(四) 有利于提升国有企业经济效益

在很大程度上，国有企业重大决策的恰当与否直接影响企业经济收益的高低。因此，只有企业经营层不断提高各项决策能力，才能使企业经济效益稳定提升；只有通过在国有企业管理中运用管理会计的途径，才能分门别类数以万计的财务信息，并有重点地实时对关键内容进行调查和研判。通过反馈的信息可以实时掌握销售收入的现金流状况，进而判断经营层决策的有效性；与此同时，能及时有效地制定资金安保措施，控制运营风险。因此，对调查和研判财务信息有助于提高资金的利用率，还应该根据企业自身的运营特点减少非必要开支，来达到降本增效的最终目的，使得企业经济效益有明显提升。

二、管理会计在国有企业中应用的困境

(一) 没有充分重视管理会计的应用

对于目前的国有企业财务管理工作来说，并没有充分重视管理会计的应用，甚至对于

管理会计的应用意义普遍缺乏了解，如此就导致国有企业在对生产经济进行管理时，无法将管理会计所具有的作用充分发挥出来，难以及时发现企业在财务方面存在的风险。市场配置社会资源的经济形势要求国有企业需要将管理会计合理应用到财务管理工作中。以往，企业盈利的提高与企业生产中的严格控制具有直接的关系，但在社会不断发展的背景下，国有企业对未来发展和决策的科学性日益关注。在决策中，离不开吸引专业的会计人员投身于这项工作，更对管理会计提出了更大的需求，由此可见，国有企业更应该加大对管理会计的重视程度。

（二）管理会计的实务与理论有差距

通常情况下，只有将理论与实践相结合，才能取得最佳效果。通过在实际工作中恰当地应用理论，不仅能够验证理论的有效性，还能为工作的顺利开展提供坚实保障。在国有企业的管理会计工作之中，需要紧密结合理论与实际，如此才能更好地落实企业的各项活动。但是当下国有企业对从事实务管理的工作，一直以来非常重视先进性，却缺乏对理论可行性、实践性的关注。之所以会出现这样的问题，主要就是因为目前生产力发展速度日益提升，国有企业虽然已经改变了以往的发展理念，但是并没有在日常经营管理中汲取管理经验，使得现金的管理理念与当下现行的管理会计实务没能有机地融合，给企业的日常经营发展造成了负面影响。

（三）管理会计的人才素质有待提高

在国有企业实施管理会计的过程中，对相关工作人员提出了明确的要求，需要其具备创新性的管理思想和理念，还需要具有基本会计的属性特征。然而，在当下企业资金运营调度与日常经营管理中，从事相关岗位的人员未能有效适应时代节奏，综合素质技能有待加强，造成企业的经济财务信息管理过程中无法制定明确的决策，也无法为企业发展提供指导。而且不少人员没有加强自我管理，即使企业在经营过程中出现问题，也无法为企业发展奉献力量，造成了人员素质和管理要求不相匹配的情况，对提高管理会计的应用价值产生了制约。

（四）现行管理会计相关的信息化技术不完善

随着大数据时代的到来，智能信息化技术日益普及，越来越多的企业已经实现了运用专业财务软件从业务端的发起到财务端的付款入账全自动化的办事流程，国有企业在此浪潮中，更应加快信息智能化建设工作。不断完善智能信息化财务软件的应用性能，能很好地降低因人工操作造成的差错。目前，国企通常偏重于财务会计工作，重视核算的准确性和及时性，但运用管理会计提升信息化技术水平仍有很大空间。总的来看，国企缺乏在财务系统中建立信息化模块，更缺少在整体规划中建立完备的信息系统，导致管理会计在国有企业的运用中受到了限制。

三、管理会计在国有企业中应用的提升策略

（一）强化对于管理会计的重视程度

在不断发展市场经济的背景下，企业面临更大的压力，因此，假如国有企业希望在优化财务管理过程中提升自我管理方案和措施，就需要明确管理工作的方向，对管理会计更加关注和重视，使其与时代发展需要相符合，将其所具有的价值充分发挥出来。

在此基础上，还需要进一步提升全体员工对于企业管理会计的积极性，例如可以让企业所有人员都参与到预算收支计划中，结合员工的意见或者建议来制定和执行财政收支计划，使企业可以对企业的预算有一定的了解。在企业未来发展中，需要以管理实施的效果作为企业发展的决策目标。在工作秩序和管理制度方面，需要不断强化人的主观意识，培养员工的思考能力，使其可以实现自身价值。从事管理会计的工作人员应该为企业经营层正确阐释管理会计，使其深刻意识到应用管理会计对于企业发展的重要性，以更好地支持和推进管理会计工作。

（二）构建完善的管理会计制度

在不断发展基本制度的同时，也需要结合市场经济发展需要对各种管理制度加以完善。有些制度无法在国有企业中得到应用，就需要运用管理会计对其进行改良和优化。与此同时，国有企业在传统的管理模式下，所采用的管理方式已经和现行管理会计的要求不相匹配，这就在一定程度上制约了管理会计的实际应用。因此，国有企业需要尽快制定符合自身的企业规章，完善现有财务制度，以符合会计准则及管理会计的要求。企业在应用管理会计的过程中，需要结合实际情况对管理系统加以调整，充分重视管理会计，深入理解管理会计所具有的独特性，以有效促进国有企业管理水平的提高。

（三）建立国有企业管理会计理论体系

为充实完善管理会计理论，构建国有企业管理会计理论体系能起到至关重要的作用。在构建该理论体系的过程中，不仅应借鉴国内外头部企业的管理会计理论，更应对当前发

展现状进行深入分析。同时,尽可能在国有企业中设立专门的管理会计部门,对理论体系建设提供方向性的专业建议。此外,国有企业在发展过程中应不断思考与探索,结合自身现状合理运用管理会计,通过实践与尝试来努力构建管理会计理论体系。最后,国有企业在奋力推进管理会计理论体系建设中,要实时结合现代经济发展特点充分考虑企业转型因素和未来发展方向,逐步搭建符合国有企业自身特点的管理会计理论体系。

(四)充分联系管理会计的理论与实践

在不断改革现代管理会计的过程中,已经建立了一套完善的管理会计理论体系,但众多企业没有关注到会计理论与企业实践之间密不可分的关联,特别是国有企业。理论联系实践,在实践中应用理论,切实提升企业管理能力,为领导者做出决策提供帮助,高效利用资源。同时,还需要紧密结合企业实际与管理会计经验,更好地分配国企资源,提高日常经营效益,布局企业发展战略,从而强化管理会计的,为国企改革创新增加动力,使企业存在的实际问题得到有效的解决。

(五)积极提高从业人员的专业素养

国有企业中管理会计的从业人员对管理会计的应用和发展起到至关重要的作用,其综合素质和从业能力的高低直接关乎管理会计应用的成败。因此,召集和组建具有高素质的人才队伍至关重要。首先,在人才梯队建设中,重视寻找专业偏向相关管理会计的人员,通过层层选拔择优录取。其次,建立国企内部培训的机制,向高校、企业邀请专业人员及有经验的管理会计对目前从业人员进行相关业务培训。这既能加强从业人员的理论知识、培养其实务能力,又能指导其将管理会计理论指导现行工作。

(六)将大数据信息化系统合理应用到管理会计中

管理会计在具体工作过程中具有较强的专业性,能够结合国有企业发展实际,对企业的各项经济业务进行准确的会计核算,并对重点事项向领导汇报,为经营者做出决策提供参考意见。在具体工作过程中,如果能够合理应用大数据信息化系统,则会产生更加明显的效果。首先,通过大数据信息化系统的运营,能够全面梳理国有企业财务活动和业务联系,以更好地统筹未来发展,充分比较预算目标与国有企业发展中的实际情况,从而更好地实现战略目标,全面控制成本。其次,管理会计能够专业地分析企业财务数据,向内部人员报告企业当前的发展状态。因此,管理会计具有及时、真实的特点,这是以往手工记账无法实现的。因此,需要在管理会计中合理应用大数据信息化系统。

(七) 深化财务信息共享中心的作用

财务信息共享服务中心是当下新型的财务管理模式，已在一些国内大型集团企业和跨国公司中开展应用。尽管该种新型的财务管理模式仍需要继续发展完善，但应用这种新模式将会是未来财务管理工作发展的方向。财务共享服务中心的优势是能将企业整体的财务信息、业务数据进行集中管理，从而有效地避免发生重复投入的现象并改进传统财务会计工作方式，实现流程再造，大大提升了会计工作者的工作效率。由此可见，在深化国企改革的道路上，企业经营者应该大力提倡财务管理工作向着这一新型财务模式的方向转变，积极营造国有企业财务管理工作的良好环境。

总之，在现代化发展背景下，企业对于财务管理中的管理会计应用要更加关注和重视，依托管理会计开展财务管理工作，能够获取多元化的数据信息，构建稳定的结构，继而重新加工和分析会计数据，为企业制定明确的发展规划提供帮助，一方面可以有效提升管理人员所制定决策的精准性，另一方面也能够为企业稳定发展提供最大化的支持。

第三节 管理会计在煤炭企业财务管理中的应用

煤炭企业作为我国经济的重要支撑企业，运营能力在我国经济建设中有着不可小觑的力量。随着我国经济发展迈入新常态，市场经济的不断深化改革，煤炭企业也面临着更为严峻的考验，由于其存在生产周期长、资金回流慢等情况，企业就没有充足的资金进行其他产业的投资。因此，如何利用管理会计帮助企业控制成本，做好财务管理，为实现企业效益最大化创造有利条件，使煤炭企业在激烈的市场竞争之中占据一席之地成为当前亟待深入研究的重点议题。

一、管理会计在煤炭企业财务管理中应用的意义

(一) 有助于增强企业内部管控能力

要想实现国有煤炭企业行稳致远的发展，就必须不断增强企业内部的管控能力，将企业的运营风险、损失降至最低，从而满足市场对现代化煤炭企业提出的发展需求。传统的财务会计工作重心在于对企业的财务管理，与企业业务管理之间的联系不够充分，在此背景下，企业就难以通过财务会计找出业务问题、制定相关决策，从而影响企业业务发展目

标，极易造成企业"重结果轻过程、重财务轻业务"的情况；与之不同的是，管理会计着重于企业财务与业务双重管理，二者相互融合，能够深入剖析企业业务的开展情况，充分发挥会计部门在企业中的作用，科学合理地为企业提供经济规划发展，企业管理层也能及时了解并掌握企业各部门情况，并根据市场发展情况及时做出合理有效的决策，从而提高企业的效率，保障企业的可持续发展以及企业资产的完整与安全。

（二）有助于提升煤炭企业经济效益

煤炭企业实施管理会计的主要目的在于提升企业的经济效益，随时跟进企业财务管理、材料采购、施工监管等环节，为企业管理层提供更多更具价值的财务信息，将煤炭企业成本降到最低，实现效益最大化，为企业发展提供助力。首先，企业转型为管理会计之后，可通过数据分析处理财务信息，减少人力成本、物料成本的同时，保证会计信息的真实性，使得企业内部管控更为规范；其次，通过管理会计收集处理信息，能准确反映企业的经营状况，为企业各部门之间的沟通交流提供可靠的信息来源，及时发现企业经营上的漏洞，充分发挥会计部门在企业中的作用，科学合理地为企业提供经济规划发展，企业管理层也能及时了解并掌握企业各部门情况，并根据市场发展情况及时做出合理有效的决策，从而提高煤炭企业防范风险的能力，减少经济损失。

（三）有助于促进煤炭企业现代化发展

在如今互联网大数据爆炸的时代，企业的财务管理也受到不小的波及，传统的财务会计不确定因素较多，伴随的财务风险也随之增多，比如传统的财务会计只是针对企业已经发生的交易或项目进行事后分析、管控，缺少对企业经营活动的整体规划设计，而在管理会计模式下，企业会计人员能够对企业的资本活动、业务管理等运用事前计划、事中控制、事后分析等多种手段，并结合信息化技术为企业的经济业务提供珍贵的参考价值。因此，加快煤炭企业的转型步伐刻不容缓。此外，利用管理会计能够使得财务数据的归纳汇总更为便捷，极大地提高了会计人员的工作效率，也有了更加充裕的时间进行数据分析，为企业的经营管理提供有效的数据支撑，促进煤炭企业现代化发展。

二、管理会计在煤炭企业财务管理中的应用策略探析

（一）革新管理理念，营造转型环境

财务管理工作的主要内容是运用标准的会计语言向经济利益相关者展现企业真实的经

营状况，而管理会计的出现顺应了时代的发展，能够让企业运用更加系统、更加规范的手段科学合理地管理企业并实现企业的发展战略目标。煤炭企业要想充分发挥会计部门的作用，首先，必须重视企业决策制定情况，并总结管理会计工作对企业决策水平的重要价值，凸显出煤炭企业财务管理工作人员的重要地位，确保企业的各项决策能为煤炭行业的发展带去积极影响。其次，面对复杂多变的市场环境，企业管理者也应明确财务管理工作与企业的生存发展息息相关，增大财务管理人员参与企业决策的比重，帮助领导层更为深入地了解企业财务状况，制定更为准确的决策，为企业出谋划策、降低财务风险；与此同时，煤炭企业要注重内部决策的制定原理，通过全面分析决策人员的各项素质，明确管理会计团队的实际需求，为决策的制定奠定坚实基础。另外，要加强对企业内部人员的系统培训，让煤炭企业员工认识到管理会计的重要性，消除企业员工的认知误区，革新企业员工传统理念，逐渐规范化企业财务管理，提高企业管理效率和收益，形成企业内部良好的工作氛围，便于会计部门与各个部门之间的统筹协调，促进企业良性发展。

（二）提升专业素养，打造专业人才队伍

拥有一支具有高水准管理会计专业知识以及实际操作能力强的会计团队，是加强煤炭企业财务管理转型的必要前提。会计人员是企业管理会计工作的核心组成部分，为了保证管理会计工作在企业正常运行，提升企业的会计管控水平，减少会计事件的发生，企业就必须打造一支专业人才队伍，为煤炭企业的发展提供有力的人力保障。

一方面，煤炭企业可以从招聘渠道下手，招聘具有一定工作经验的管理会计人员，并根据在企业的实际表现合理增加其薪酬，达到企业长期留任高素质人才的目的，从而吸引更多人才主动应聘并竞争上岗，营造企业良性竞争的氛围；与此同时，此招聘制度也能对企业的老员工产生一定的激励作用。在新入职的会计人员上岗之后，根据企业当前的财务管理现状，为新员工合理分配工作职责与任务，用以加速煤炭企业财务会计的转型步伐，以及为新员工快速融入煤炭大家庭创造有利条件，在企业内部形成团结互助、互相协调的和谐工作氛围，进而从整体上提升煤炭企业员工对管理会计的认识，积累相关经验。

另一方面，首先，煤炭企业从培养制度入手，在保障企业资源的情况下，加大对专业人才以及后备人才科学化、系统化培训与管理的资金投入，构建一支适合企业自身长远发展的管理会计人才队伍，确保企业的管理会计岗位做到"物尽其用、人尽其才"。其次，煤炭企业从激励制度着手，制定出科学合理的用人机制，设置科学合理的符合企业实际情况的相关财务管理岗位薪酬激励制度，把管理工作人员的薪资待遇与其工作能力、职业资格、职位评比等相结合，鼓励会计人员考取更多专业从业证书，如注册管理会计、高级会计师等，充分调动企业内部人员的工作积极性，提高管理会计工作的效率；除此之外，煤炭企业还可以在内部实行如行政、人事、业务等部门的多岗位轮换制度，便于企业内部人员更好地学习财务管理相关知识，拓宽企业员工的职业生涯发展道路，培养复合型人才。最后，立足于煤炭行业的长远发展，企业还可与各大高校合作共建校外培训基地，不仅可以使高校按需设置教学课程，随时更新教学方案，邀请工作经验丰富的管理会计师到校与学生交流，构建产教融合的人才培养模式，还能为煤炭企业选拔优秀人才提供良好的条件，形成校企双方合作共赢的局面。

(三) 完善制度体系，规范实践工作

建立健全的管理会计制度对于煤炭企业来说是非常必要的。在现代化市场经济的环境下，煤炭企业管理会计相关制度应结合企业自身实际情况和外部市场环境的变化逐渐完善，让企业内部会计人员明确工作内容，规范实践工作，保证会计信息的高效性与准确性，提升成本控制工作的有效性和科学性，做到有法可依、有章可循，从而减少企业经营的风险，满足企业发展的需要。

首先，建立成本预算管理制度。其不仅可以促使财务管理人员对成本预算引起重视，还能有效避免煤炭企业在实际生产运行过程中资源浪费情况的发生。与此同时，对煤炭企业的生产、业务管理等实施成本预算管理，并将其作为成本控制工作实际进行的重要依据，能使财务管理工作的效果显著增强。

其次，建立成本控制制度，合理规划煤炭企业内部支出费用范围。财务人员可根据内部费用支出类型进行合理分类，为成本控制工作提供便捷，比如正确划分企业的收益支出、资本支出以及营业外支出的界限，产品生产成本与生产期间产生的费用界限，不同种类产品成本的界限等，使企业各项工作成本控制的实施效果得以展现。

最后，建立责任制度，煤炭企业的财务管理工作需要各个部门的协调配合才能顺利开展，部门领导人要发挥好带头作用，坚决落实好全面从严治理主体责任和监督责任，团结各个部门力量，建立专门的巡视小组和专门台账，加强日常监督工作，按照谁管谁负责的原则，形成自上而下的管理体系，将每一项工作切实落到个人、部门，促进煤炭企业财务管理工作的有序开展，依据煤炭企业规章制度严格处理各类违法乱纪问题，矫正不良工作风气，创造良好的国有企业环境。

(四) 搭建网络平台，满足企业发展

随着经济水平的不断提升，互联网信息技术也得以飞速发展，并被广泛应用于各行各业当中，将企业的财务管理与互联网信息技术有效结合，建设企业内部的数据平台，这既符合社会发展需求，也是新时代发展的必然结果。在互联网信息技术视域下，不仅能将企业的财务管理数据归纳汇总，提升整合效率，创造出更多发展机会，同时还能为构建高效的科学数据平台铺垫坚实的基础。

就传统的企业财务管理工作而言，大多数企业的预算编制、分析报表等仍旧需要从互联网上收集相关数据，而在如今大数据的背景下，煤炭企业应紧跟时代发展，抛弃以往固有的思维模式，与时俱进，加快传统财务管理转型步伐，充分发挥现代化大数据、ERP系统、云计算等数据管理平台的技术优势。将企业业务、财务数据充分融合，整合所有的企业资源，统一处理企业的成本、资产、税务等管理业务，帮助完善多条支线的工作流程，不断提升企业管理会计工作的精准性与高效性，促使管理会计人员为企业管理层及时提供决策、计划、管控以及经营业绩状况等信息。加强部门之间的沟通交流，实现信息资源内部共享，避免出现"各自为政"的现象。跳出传统的企业工作管理边界，优化企业的资源和运行模式，改善企业财务管理、业务流程，提高煤炭企业的核心竞争力，促进煤炭企业先进化、完整化、统一化发展。

总之，随着市场经济的不断发展，国内竞争越发激烈，在如今新形势环境下，结合煤炭企业实际发展情况，革新管理理念、打造会计专业团队、完善财务管理制度、建立网络数据平台等，整合煤炭企业资源，促进财务管理工作规范化、信息化、系统化发展，实现煤炭企业科学化管理，提高煤炭企业的核心竞争力，提升企业的经济效益。

第四节 管理会计在建筑施工企业财务管理中的应用

建筑施工企业在我国社会发展中具有非常重要的作用。改革开放之后，在我国经济快速发展的带动下，我国建筑施工行业也进入快速发展阶段。近年来，随着我国经济新常态的到来，我国建筑行业也进入转型发展时期。对建筑施工单位来说，传统的财务成本预算与资金管理模式已经不能满足企业发展的需求。因此，对建筑施工企业来说如何顺应时代发展，突破传统财务成本核算存在的不足，为企业在新时期的发展中保驾护航成为关键。管理会计的出现为上述问题的解决提供了一种新的途径。

一、管理会计在建筑施工企业财务管理中的应用价值

第一，提高建筑施工企业核心竞争力。现阶段，国内建筑行业之间的竞争非常激烈，

对企业来说，要想在激烈的竞争中获取一席之地，除了具备过硬的技术与工艺之外，还要有较高的管理水平，重视企业财务管理工作，发挥财务管理在企业管理中的作用，提高企业的经济效益和社会效益。管理会计在企业财务管理中的应用以企业财务信息为基础，通过对企业财务信息的分析与研究为企业的投资、决策、经营提供参考，降低企业的经营风险，促进企业健康发展。

第二，提高建筑施工企业财务管理水平。管理会计在建筑施工企业的应用还可以提高企业的财务管理水平，提高企业财务信息处理与分析效率，通过数据分析指导企业经营与生产，避免企业生产经营的盲目性，提高企业的内部管理水平。

第三，明确企业内部财务关系。管理会计的应用可以提高企业财务预算水平，帮助企业制订更加科学、合理的施工方案与工作计划。管理会计在建筑企业的应用可以使企业财务预算编制水平得到提升，帮助企业制定科学、合理的发展思路，为企业的决策提供依据和支持。

第四，协调企业内部财务关系，促进企业全面预算管理的实施。管理会计是现代企业管理和会计学相结合的综合性学科，有利于建筑施工企业财务预算管理工作的全面实施，促进企业财务稳定。同时，管理会计还可以结合行业发展特点，对企业的财务数据进行分析，对企业未来发展趋势进行预测，帮助企业制定科学合理的预算方案，协助企业管理人员制定科学的管理目标，促进企业各部门之间的协调发展，避免一些不合理决策给企业带来的经济损失，促进建筑企业的长远发展。

二、管理会计在建筑施工企业财务管理应用中的问题

（一）理论分析与实践操作之间的融合性较差

通过对建筑施工企业管理会计的实际应用可以看出，我国建筑企业的管理会计理论分析与企业财务管理实践操作之间的融合性较差。对建筑施工单位来说，相关的理论内容非常丰富，但是并没有切实可行的分析。同时，当前的理论内容以借鉴国外先进经验为主，本身没有结合建筑行业的实际情况，生搬硬套问题严重，无法体现我国建筑行业的特点，不符合我国的实际国情。而且管理会计当前的理论研究范围较窄，通常针对某一具体情况来进行，应用和推广力度严重不足。

（二）管理会计信息系统建设相对缺失

随着信息化技术的发展，企业的管理系统也不断完善，信息化技术已经被广泛地应用

到建筑企业的生产与管理中。所以，建筑施工企业也应结合时代发展需求不断提升自身管理会计水平。当前国内管理会计的应用较为单一，所以和企业管理需求之间难以有效融合，形成合力。在系统化思维影响下，建筑施工企业应结合自身运营特点，重视管理会计体系建设，提升自身管理会计水平。我国建筑施工企业以国有企业为主，所以企业的发展容易受政府政策的影响。同时，建筑施工企业以集团模式为主，下属子单位较多，企业的税收很多是直接通过集团公司进行统一核算上缴的，和行业环节之间的互动性较差。可以说，计划预算替代了建筑施工企业的管理工作，这就导致企业的财务数据也随计划而进行，缺乏系统的、科学的财务管理体系。即使存在一些管理，也基本是从小的方面收入，财务数据的整体可靠性与真实性难以保障。同时，受国家政策影响，我国建筑施工企业的规模不断扩大，企业的体制也在不断改革，很多大型建筑施工企业都逐渐开始建立适合自身发展的一些管理模式。不过，对于中小型建筑施工单位来说，其财务管理模式仍相对落后，还没有建立管理会计体系的必要条件，不论是在人员配置上还是在信息化平台建设上都存在一定的不足。

（三）管理会计人员专业水平有待提升

近年来，我国管理会计专业人才一直处于稀缺状态，这也给建筑施工单位财务管理工作带来了一定的影响。现阶段，虽然一些建筑施工单位已经开始关注管理会计，也对员工进行了一些管理会计的知识培训，不过会计人员整体的专业能力较弱，在实际工作中也很难将管理会计应用到具体的工作中。另外，管理会计作用的发挥除了要求会计人员要有较强的专业性之外，还要求会计人员要具有实践操作能力。不过，建筑施工企业的实践空间不足，造成会计人员空有热情但是没有实践发挥的余地，这同样不利于管理会计在建筑施工企业财务管理中的应用。

三、管理会计在建筑施工企业财务管理应用的促进建议

（一）注重理论和实践的融合

理论和实践之间的关系是密不可分的。管理会计的理论研究可以为财务管理的实践操作提供依据，同时管理会计的实践应用也会反过来指导、验证理论成果。因此，建筑施工单位应重视理论和实践的结合，重视新理论、新观念的应用。同时，管理会计在实践应用中的经验总结也可以进一步为理论研究提供素材，促进理论研究的发展，从而促进建筑施工企业财务管理水平的提升。

（二）注重管理会计信息化体系建设

管理会计体系涉及的内容较多，包括规划、控制、决策、评价等过程。所以，建筑施工单位应打破传统单一财务数据应用模式，重视企业内部管理会计体系建设。在具体操作上可以通过以下几个方面来进行。

一是重视企业实际情况，加强对企业管理会计体系的顶层设计。建筑施工单位通过管理会计体系顶层设计促进企业下属各业务管理工作的顺利推行，促进企业发展战略与发展目标的实现。

二是建筑施工单位可以以管理会计体系为突破口，加强管理会计工具与方法在企业管理中的应用，选择科学、合理的管理方式，减少管理会计实施过程中不利因素的影响。

三是建立财务共享中心。财务共享中心是近年来各大集团公司建设的重点，也是未来财务管理发展的方向。建设施工单位要深化改革，重视管理会计的应用，确保财务共享中心的建设。建设施工单位要发挥自身的信息化优势，将信息化系统和财务管理结合起来，把重心放在数据集成中，实现企业不同业务板块的互动链接，实现信息共享。

（三）注重管理会计专业人才培养

要确保管理会计的有效实施还要重视管理会计人员专业素养的提升。管理会计专业人才缺乏的是客观事实，建设施工单位要重视自身管理会计人才的培养，加大管理会计人才团队建设，完善企业内部人才考核与培训机制。建设施工单位可以通过在岗再培训、专家讲座、进修深造等方式加强对现有会计人才的培养。同时，建设施工单位还要加强内部考核，把考核结果和员工的薪资待遇挂钩，对表现好的员工给予奖励，对表现不好的员工给予一定的惩处。通过采取多种措施提高企业内部管理会计人员综合素养，为企业管理会计的实施奠定基础。

（四）通过财务管理保障企业正常运营

招标工作对建筑施工企业来说是非常重要的。然而，随着市场竞争的加剧，很多企业在招投标过程中会通过降低标价的方式来提高企业的中标率，不仅影响了市场的正常竞争，也给企业后来的发展带来不利因素。因此，建筑施工单位在进行招投标时需要以管理会计为基础，对市场整体发展情况、行业发展趋势等进行分析。例如在进行投标时，建筑施工企业可以通过财务管理会计对整个项目进行预算，细分不同子项的成本，计算项目的整体利率，总结实施过程中可能遇到的风险，以及这些风险存在的可能性等。所以，对建筑施工企业来说，管理会计可以为企业的发展和决策提供依据，保障企业的正常运营，促进企业可持续发展。

(五) 通过管理会计加强对企业的过程控制

通过管理会计在企业管理中的应用促进企业总体发展目标的实现。比如通过管理会计可以将建筑施工企业的总发展目标进行分解，将责任目标落实到各部门、各岗位，使每位员工都清楚自身的责任目标与任务，并在日常工作中进行落实，在实现个人工作目标的同时，促进企业发展目标的实现。通过管理会计可以对各项目标的完成情况进行计量，将预定目标和实际完成情况进行对比分析，对各部门以及员工个人工作完成情况进行量化考核、评价，并根据反馈信息对各环节进行督促和制约。

总之，管理会计在建筑施工企业财务管理中的应用是社会发展与时代进步的必然。虽然当前管理会计在建筑企业财务管理中的应用还存在很多不足，但是随着市场经济体制的完善，管理会计必将成为促进现代建筑施工企业财务管理工作长远发展的有力抓手。

参考文献

[1] 柴慈蕊,孙凡. 我国企业会计信息化的发展:现状、问题与对策研究[J]. 东方企业文化,2013(3):193.

[2] 陈琦. 大数据时代下的管理会计面临机遇、挑战与应对措施[J]. 营销界,2019(26):142~143.

[3] 冯巧根. "双循环"下管理会计发展的新契机[J]. 会计之友,2022(6):96~103.

[4] 龚子轩,张帷. 新会计准则在企业财务管理中的有效应用[J]. 中国乡镇企业会计,2023(8):55~57.

[5] 孔艳萍. 大数据时代下企业管理会计面临的机遇、挑战及应对研究[J]. 商场现代化,2022(10):152~154.

[6] 李曼. 短期经营决策在企业中的应用[J]. 山西农经,2019(8):55.

[7] 李伟. 管理会计[M]. 天津:南开大学出版社,2021.

[8] 梁皓天. 新会计准则对企业财务管理的影响[J]. 合作经济与科技,2023(21):141~143.

[9] 林丽红. 新形势下管理会计在煤炭企业财务管理中的应用探析[J]. 广东经济,2022(11):78~81.

[10] 刘佳鑫. 企业长期投资决策与探析[J]. 全国流通经济,2019(31):84~85.

[11] 刘青青,李建军,黄欣宜,等. 人工智能视角下管理会计发展趋势探讨[J]. 河北企业,2023(3):103~105.

[12] 牛彦秀. 管理会计[M]. 上海:上海财经大学出版社,2019.

[13] 尚景鑫,仲润昕,刘录敬. 大数据下企业财务会计向管理会计转型路径分析[J]. 会计师,2021(17):11~12.

[14] 舒勇. 管理会计视角下的企业财务管理转型分析[J]. 中国产经,2023(10):107~109.

[15] 孙凌云. 我国管理会计信息化发展存在的问题与对策[J]. 财经界,2016(9):209.

[16] 孙茂竹. 管理会计学(7版)[M]. 北京:中国人民大学出版社,2015.

[17] 王碧月. 管理会计视角下企业财务分析体系的改进路径[J]. 中国总会计师,2021(4):82~83.

[18] 王晨旭. 浅谈短期经营决策中管理会计的运用 [J]. 知识经济, 2016 (23): 73~74.

[19] 王凤存. 大数据时代背景下企业管理会计面临的挑战与应对措施 [J]. 产业创新研究, 2018 (10): 94~95.

[20] 王化成, 张伟华, 佟岩. 广义财务管理理论结构研究: 以财务管理环境为起点的研究框架回顾与拓展 [J]. 科学决策, 2011 (6): 1~32.

[21] 王书平. 管理会计信息化发展存在的问题与对策 [J]. 全国流通经济, 2021 (20): 178~180.

[22] 王文娟. 管理会计在国有企业管理中的应用 [J]. 财会学习, 2023 (7): 75~76.

[23] 王泽兵. 论新形势下管理会计在煤炭企业财务管理应用中的问题与对策 [J]. 中国乡镇企业会计, 2016 (11): 116~118.

[24] 吴欣凯, 孙雯, 崔酩园, 等. 新公共管理视角下我国政府会计改革问题研究 [J]. 中国管理信息化, 2022, 25 (22): 62~64.

[25] 徐伟丽. 管理会计 [M]. 上海: 立信会计出版社, 2019.

[26] 徐漩. 建筑施工企业财务管理中管理会计应用分析 [J]. 商业 2.0, 2023 (16): 77~79.

[27] 姚宁岗. 管理会计在建筑施工企业财务管理中的应用 [J]. 中国集体经济, 2021 (36): 145~146.

[28] 俞瑜. 企业全面预算管理工作中问题与对策 [J]. 商场现代化, 2023 (20): 171~173.

[29] 原微娜. 新形势下企业管理会计和财务会计的融合发展分析 [J]. 全国流通经济, 2022 (13): 160~162.

[30] 张继德, 刘向芸. 我国管理会计信息化发展存在的问题与对策 [J]. 会计之友, 2014 (21): 119~122.

[31] 张俊瑞, 危雁麟, 宋晓悦. 企业数据资产的会计处理及信息列报研究 [J]. 会计与经济研究, 2020 (3): 3~15.

[32] 张晓雁, 秦国华. 管理会计 [M]. 厦门: 厦门大学出版社, 2019.

[33] 赵铭铭. 探讨管理会计在国有企业财务管理中的应用 [J]. 财经界, 2023 (6): 96~98.

[34] 郑小艳. 管理会计在房地产企业财务转型中的应用 [J]. 中国中小企业, 2021 (12): 224~226.

[35] 周倩, 李大伟. 管理会计 [M]. 郑州: 河南大学出版社, 2017.

[36] 周瑜, 申大方. 管理会计 [M]. 北京: 北京理工大学出版社, 2018.